悲しい曲の何が悲しいのか

音楽美学と心の哲学

源河 亨

慶應義塾大学出版会

はじめに

本書は「音楽美学」ないし「音楽の哲学」の著作である。「美学」は「哲学」の一分野であり、美的なものに関する問題を扱う哲学だ。さらに、美学のなかでも音楽に焦点を合わせたものが「音楽美学」と呼ばれる。

最初に注意しておくが、本書が扱う「美学」や「哲学」は、「男の美学」や「経営哲学」と言われるときの美学や哲学ではない。「男の美学」「経営哲学」は、生き方や経営に関して、著者が信奉している理念や人生訓を述べるものだろう。それと同じような意味での「音楽美学」「音楽の哲学」の本は、著者が思っている「良い曲とはこうでなければならない」という意見を示すものになるだろう。

だが、本来の意味での「哲学」や「美学」、および本書の目的は、それとは正反対のものである。本書の目的は、音楽に関して、そもそも良い／美しい／正しいとはどういうことなのかを、さまざまな観点から吟味し、考察することである。そのため本書では、著者や他の人の見解をただ述べるのではなく、その主張がどういう考察を踏まえて出てきたのか、他の見解よりどこが優れているのか、予想される反論にどう対処できるのか、といった点も検討する。本来の意味での「哲学」は、このように主張を吟味する活動であり、独断的な信条を述べることではないのだ。

哲学の問いは、日常生活のありきたりな問題から始まる。素晴らしい音楽を聴いたり、雄大な自然風景を見たりしたとき、人は美しさを感じたり、感動を覚えたりする。また、騒音を耳にしたり、気味の悪い虫を目にしたりしたら、醜さや嫌悪を感じるだろう。これらの経験はありふれた何気ないものだが、それらについて少し考えてみると、色々な問題が浮かび上がってくる。たとえば、他人が素晴らしいと言う曲が自分には平凡でつまらなく思えることがある。このときの自分の反応は間違っているのだろうか。むしろ、その曲を素晴らしいと言う人こそ間違っているのではないか。そもそも、「こういうものを見たり聴いたりしたときはこう感じるべきだ」という基準があるのだろうか。それとも、すべて単なる好き嫌いにすぎないのだろうか。さらに言えば、基準があるのかないのかに関して、どう考えればいいのだろうか。こうした問題に対し、最も理にかなった考えはどういうものかを考察するのが哲学ないし美学なのである。

哲学、美学を扱った国内の著作にも、当然、音楽を主題としているものがある。だが本書には、国内の他の著作にはない独自の方針がある。それは、「心の哲学」を利用して美学の問題に取り組むというものだ（海外ではこうした著作が増えつつある）。

心の哲学は、文字通り、心に関する問題を扱う哲学である。代表的なところでは、脳の物理現象がどのようにして意識を生み出すのか、人間と同じように行動するロボットに心はあるのか、といった問題が議論されている。こうした心の哲学は、心に関する科学の発展に影響されるかたちで、近年さまざまな概念や議論が蓄積されてきている。本書で重要になるのは、知覚と情動に関する哲学・認知科学の研究だ。本書はそれらを利用して音楽美学の問題に取り組むのである。

さらに、本書にはもうひとつ特色がある。すでに述べた通り本書の主題は音楽美学だが、本書で提示される議論は、絵画や彫刻、料理や香水、自然風景や木の手触りなど、人が美的判断を下すおおよその場面に拡張できる可能性をもっている。その理由は、本書が次の二点を重視しているからだ。

第一に本書は、「これは優美だ」とか「これはグロテスクだ」といった美的判断には、情動（emotion）が重要となると主張する。この点は、音楽に限った話ではない。芸術作品でも日用品でも自然物でも、それを美的に評価する際には情動が必要になると主張するのだ。

第二に本書は、マルチモーダル知覚（多感覚知覚）を強調する。マルチモーダル知覚とは、視覚・聴覚・触覚・味覚・嗅覚といった五感が共同して対象を捉える働きである。その点を強調して音楽聴取を扱う本書は、音楽鑑賞でも視覚や触覚が重要になる場合があると主張する。だが、五感が共同して対象を捉えるという論点を音楽に限定する必要はない。マルチモーダル知覚を強調した議論は、絵画鑑賞でも実は聴覚が重要になるとか、料理や香水の鑑賞でも視覚や聴覚が重要になる、という議論を展開するためにも利用できるだろう。

ここで、各章の内容を簡単に紹介しておこう。

各章概要

第1章では、まず、音楽を聴く経験、「聴取経験」を特徴づけ、次に、心の哲学を用いた音楽美学の考察方針を説明する。現在の心の哲学は、自然科学の成果を利用して伝統的な哲学的問題にアプローチするという「哲学的自然主義」が重要な位置を占めている。そのため、心の哲学を用いて音楽美学を考察する本書も、哲学的自然主義の影響のもとに書かれている。本章では、聴取経験や自然主義に対して向けられそうな疑問や反論に答え、本書の考察の意義を説明しよう。

第2章では、美的判断や美的経験、美的性質など、美的なものに関する基本的な概念を特徴づけ、そのうえで、本書前半の主題となる「美的判断の客観主義」を説明する。この立場は、美的判断には正しいものと誤ったものがあると主張する。別の言い方をすれば、「美的判断は人それぞれだから、正しくも間違ってもいない」という主張に反対するのである。

第3章では、美的判断の客観主義をめぐる現代の議論を概説する。客観主義の擁護を目指した議論では、美的経験の知覚的側面に焦点が合わせられることが多い。だがこの章では、客観主義を擁護するためには、美的経験がもつ評価的側面についての考察も必要であること、さらに、知覚的側面と評価的側面を結びつける考察も必要であることを明らかにする。

第4章は、美的経験の評価的側面を特徴づける。本書では、美的経験の評価的側面として情動を重視する。美的経験にとって情動が不可欠だと主張する「情動主義」は、十八世紀あたりまで遡れる伝統的な考え方だが、本章では、現代の哲学や認知科学の観点を用いて、美的経験における情動を特徴づける。

第5章では、第3章で紹介した美的経験の知覚的側面と、第4章で考察した評価的側面としての情動を結びつける。ここで鍵となるのは、知覚以外の状態の影響で知覚が変化しうるという「認知的侵入可能性」である。この章では、認知的侵入によって知覚と情動が結びついたものが美的経験であり、それが美的判断の客観性を判定する基準になると主張する。

第6章以降は、より音楽に焦点を合わせた議論を行なう。まず取り上げる問題は、「そもそも音とは何か？」というものである。この問いに対し多くの人は「音は音波だ」と答えるだろう。だが近年の知覚の哲学では、それに反対する考えが支持を集めつつある。それによると、音は音波ではなく、音波を生み出した物体の振動である。この章では、この見解を支持する根拠として、音の聴こえ方やマルチモーダル知覚を挙げる。

第7章では、単なる音と音楽の違いについて考察する。音楽は作曲者や演奏者による介入がある点で、環境音とは鑑賞のされ方が異なっている。前章の音に関する議論は環境音を念頭に置いたものだが、この章では、人によってデザインされた音である音楽のマルチモーダルな知覚と、それによってもたらされる美的経験について考察し、音楽鑑賞でも視覚や触覚が美的に重要なものとなってくると主張する。

第8章以降は、聴取経験と情動の関係を取り上げる。「悲しい曲を聴いて悲しくなった」といったことがよく言われるように、音楽と情動に深い結びつきがあることは日常的な体験からも明らかだろう。だが、日常的な体験に関する素朴な考えには、正しい部分もあれば誤った部分もあり、また、よく考えると両立しない複数の主張がともに含まれている場合がある。この章では、音楽と情動の結びつきについて考察する準備段階として、さまざまな論点を整理する作業を行なう。

第9章では「なぜ悲しい曲を聴くのか」という問題を取り上げる。悲しい曲は聴くと悲しくなる曲のことだと思われるかもしれないが、そうすると、「なぜわざわざ悲しい曲を聴くのか」という問題が生じる。というのも、悲しみはなるべく避けたい情動であり、悲しみをもたらす原因も避けたいものであるはずだからだ。この章では、現代の情動の哲学の観点から、次のピーター・キヴィーの見解を擁護する。それは、「悲しい曲」は聴くと悲しくなる曲のことではない、というものだ。

では、「悲しい曲」とは一体どんなものなのか。第10章では、それを説明しようと試みる二つの見解を取り上げる。一つめの類似説によると、「悲しい曲」は悲しい人の振る舞いといくらか似た特徴をもつ曲のことである。もう一つのペルソナ説によると、「悲しい曲」は悲しみを抱いた人を想像させる曲のことである。両者は音楽美学では対立する見解だとみなされているが、この章では、心の哲学の観点から、実のところ二つは両立可能な立場だと主張する。

悲しい曲の何が悲しいのか　目次

第1章　音楽美学と心の哲学

本書は、心の哲学の観点を用いて音楽美学の問題に取り組む。音楽を聴く経験（以下、「聴取経験」）は、心の働き・状態の一つであるため、心についての哲学的考察で得られた成果を利用して聴取経験を明らかにしようとする方針に、何もおかしいところはないだろう。むしろ、真っ当なアプローチであるはずだ。

とはいえ、音楽については色々な考察方法があり、そのため人によっては、自分が知っている考察方法と本書の方針があまりにも違い、取っ付きにくく思えるかもしれない。それどころか、「心の哲学が本当に使えるのか？」という疑問を抱く人もいる可能性がある。というのも、詳しくは後で説明するが、現在の心の哲学は、心理学や脳神経科学といった認知科学の研究成果を抜きにしては議論できないものになっているからである。そのため本書でも、認知科学の成果がたびたび登場する。だが、音楽美学と認知科学は正反対の分野ではないか、そもそも美学は科学では解けない問題を扱っているのではないか、と考える人もいるかもしれない。

こうした点を含め、本章では、本書の方針に対してどのような疑問や反論が出てきそうか、それらにどう応答できるのかを説明しよう。それにより、本書の方向性と意義がみえてくるはずだ。

1　聴取経験の分析

問題となる聴取経験

本書は聴取経験がどういうものであるかを明らかにしようとしている。言い換えると、本書の目的は聴取経験の分析だ。だが、本書で問題にしたい聴取経験もあれば、そうではないものもある。まずそこから説明してこう。

多くの人が「音楽を聴く」場面としてまっさきに思い浮かぶのは、歌つきの音楽（歌曲）を聴く場面だろう。年末になると、日本でも海外でも、その年に売れた曲のランキングが発表されるが、その上位はほぼ歌曲で占められ、歌詞がないインストゥルメンタル・ミュージックが上位にくることは滅多にない。多くの人が普段接する音楽は歌曲だろう。そして、歌曲の鑑賞ではもちろん歌詞の内容も重視される。「RCサクセションの《雨あがりの夜空に》はとっても良いよね」という人にその理由を尋ねたら、「歌詞の比喩が面白い」と言ったりする。多くの人にとって音楽は、「歌詞の内容を踏まえて鑑賞されるもの」ではないだろうか。

歌詞の内容を踏まえた聴取について考察するためには、言語の理解や言葉で語られた内容の理解に関する考察が必要となり、その際には、文学や詩に関する理論も参照する必要が出てくるだろう。だが本書は、音楽というメディアの特色により焦点を合わせた聴取経験の考察を行ないたい。つまり、歌詞の理解を踏まえた鑑賞ではなく、インストゥルメンタル・ミュージックにも、自分の知らない言語で歌われた歌曲にもあてはまるような、音の配列としての音楽の経験を扱うのだ。ここから先、考察の具体例として挙げられる曲のなかには歌曲も混ざっているが、その場合でも、その曲は、歌詞の内容を無視しても議論の題材にふさわしいものとして選ばれている。

この点は、歌詞との関係で音楽を考察したい人にとっては残念なお知らせかもしれない。だが、そうした人にも本書を読む価値がないわけではない。歌曲について考察するためには、歌詞を抜きにした音の配列の鑑賞についての考察と、言葉や内容の理解に関する考察を行ない、それらを組み合わせる必要があるだろう。そして本書は、前者の考察を与えることはできるはずだ。

次に注意してもらいたい点は、本書が考察したい聴取経験は、一般的なものだということである。別の言い方をすれば、本書は、曲は何であれ、音楽を聴くときに人の心がどういう状態にあるのかを明らかにしようとしている。逆を言えば、ベートーヴェンの《交響曲第九番》を聴いたときに特有の聴取経験など、特定の曲を聴いたときの特定の聴取経験は扱わないということだ。

そのため、本書を読めばベートーヴェンの《交響曲第九番》がよりよく理解できるようになる、といったことはない。特定の曲とそれを聴いたときの特定の経験を理解するためには、その曲に関する歴史的事実について知る必要があるだろう。たとえば、それを作った人がどういう思想に傾倒していたか、どういう世情の影響の下で作られたのか、それが評判になった経緯はどうなっていたのか、作曲のいきさつは聴き手にどういう影響を与えたのか、といった点を考察しなければならない。こうした問題は、音楽史や音楽批評の本で頻繁に扱われている。しかし、本書の目的はそういったことではない。（もちろん、歴史的事実についての知識が芸術鑑賞に影響を与えることは否定できない。だが、知識が鑑賞に影響することはすべての芸術作品に当てはまる。この話題は第3章で取り上げる。）本書の議論のなかで具体的な曲名が出ることもあるが、それはあくまでも考察を行なうための一例として取り上げられている。

この方針に対してすぐさま次の疑問が浮かぶかもしれない。それは、「個別の曲の分析を抜きにして聴取経験を分析できるのか」というものだ。その疑念をもつ人はこう言うだろう。時代や文化が違えばまったく異なった曲が作られ、それに応じて曲を聴く経験もまったく違ったものになっているのではないか。たとえば、ヨーロッパのバロック音楽と、インドのヒンドゥスターニー古典音楽と、ジャワ島のガムラン音楽と、アメリカのジャズと、デトロイトのテクノと、北欧のメロディックデスメタルとでは、ジャンルが成立した歴史や個々の曲に反映されている価値体系がまったく異なっている。もちろん、ジャンルだけでなく、個々の曲についても同じことが言えるだろう。こうした違いに応じて、それぞれの音楽の聴き方も違ってくるのではないか。それなのに、聴取経験を一般的に分析することなどできるのだろうか。少なくともどれかのジャンルに焦点を合わせる必要はあるのではないか。

確かに、この疑問も一定の説得力をもっており、音楽美学のなかには音楽史や音楽批評に寄り添ったものもある。そうした考察を取り入れた方が、より詳しく包括的な考察が行なえることは否定できない。

だが、個別の曲やジャンルを踏まえなければ聴覚経験を分析できないわけではない。この点を理解するために、少し遠回りになるが、ひとまず情動について考えてみたい。

情動とのアナロジー

ここで怒りについて考えてみよう。怒りは、自分が大事にしているものが侵害されたときに生じる。たとえば、食事や飲み会の席順を大事にしている人がいるとする。その人は、一番偉い人がここに座り、次に偉い人がここに座り、下っ端はここに座るべきだと信じている。そのため、下っ端が一番偉い人の席にいるのを見ると烈火のごとく怒り出す。それを見ていた別の人は「席順くらいでそんなに怒らなくていいじゃないか」と思うかもしれない。その人は席順を大事にしていないため、下っ端がどこに座ろうと構わないのだ。しかし、席順で怒らない人も、別のことでは怒るだろう。たとえば、後で食べようと思って冷凍庫に入れてあったアイスを無断で家族に食べられたら、すごい勢いで怒るかもしれない。その人は、席順を大事にしてはいないがアイスを非常に大事にしており、それを食べる機会を奪われることが強烈な怒りにつながるのだ。

この例からわかるのは、何が怒りを引き起こすかは、何に価値を置いているかに左右されるということだ。もともと怒りは、自分の縄張りや食料、配偶者などを略奪されたときに生じ、そうした略奪者への対応、つまり復讐を動機づけるものとして進化的に備わったものだと言えそうだ。だが、何に価値を置き、そのため何が価値の侵害であるかは、生まれ育った環境、時代、地域、その人が属する共同体の価値観によって変わってくる。そのため、起こった物事は同じでも、それに対して怒る人と怒らない人という違いが出てくる。ここで挙げた席順やアイスはかなり個人的な例かもしれないが、重要なのは、価値体系の違いによって怒りをもつ場面が変わってくるということだ。

しかし、こうした違いの背後に、共通要素をみつけることができる。それは、どの人も何かに怒る、ということである。席順に怒る人とアイスの盗み食いに怒る人では怒りの原因が異なってはいるが、二人とも怒りという状態になっている。個々人の怒りの原因はさまざまでも、怒りをもつ能力が阻害されていない限り、人は何かしらについて怒るのである。何が怒りを引き起こすかは何に価値を置くかによって変わってくるが、自分が価値を置いているものの侵害によって怒りが生じるという点は、すべての人に共通のことなのだ。

怒りとは何なのかを考えるうえでは、個々人で違っている怒りの原因を一旦脇に置いてみる必要がある。確かに、アイスを食べられたときの怒りと、席順をないがしろにされたときの怒りでは、強さや感じ方が異なっているかもしれない。だが、どちらも「怒り」に分類される状態である。そうであるなら、怒りを理解するためには、まずその共通性を理解する必要があるだろう。それを理解しておかなければ、個別の事例で異なった怒りのあり方を理解することもできそうにない。というのも、席順やアイスそのものに注目すると、それらの共通点をみつけるのは難しいからだ。席順は人が座る空間的配置と人同士の社会的関係から成り立っているものだが、アイスは牛乳や卵、砂糖、香料などから出来上がったものである。両者のあいだに何か重要な共通性があるだろうか。もしそれをみつけられなければ、それらによって引き起こされる情動も、かなり違ったものとして分類されかねない。ある人が席順をないがしろにされたときの心の状態と、別の人がアイスを盗み食いされたときの心の状態は、全然違うものだと考えられてしまうかもしれないのだ。だが、それは明らかにおかしい。こうした間違いを防ぐには、まず、怒りというものが一般的にどういうものであるのか理解し、そのあとで、個々人で異なる怒りの原因や感じ方を考察するのがいいだろう。

まとめると、怒りを理解するうえでは次の二つの問題を分ける必要がある。一つは、各人の怒りの原因を決める価値や信念は何かという問題と、そもそも怒りがどのような状態であるのかという問題だ。別の言い方をすれば、前者は怒りの個別性に焦点を合わせた問いであるのに対し、後者は怒りの共通性に焦点を合わせた問いである。怒りに限らず、心の状態について考察するためには、この二つを区別する必要があるだろう。

怒りと同じく聴取経験も心の状態である。そのため、怒りの場合と同じことが聴取経験にもあてはまる。聴取経験とは何かという問いも、共通性に焦点を合わせたものと個別性に焦点を合わせたものに分けられるのだ。

共通性に焦点を合わせた問いは、たとえば、「曲を聴いて感動するためには、どういった仕組みが人間に備わっていなければならないのか」というものだろう。この問いを考える場合、感動される曲は何でも構わない。時代や地域が違えば、人々がどの曲に感動するかが違ってくる。しかし、時代や地域が違っても、何らかの曲に感動するという点は人間に共通のことである。どの時代の人も、それぞれの文化で良いとされている（あるいは個人的に良いと思っている）曲を聴いて、感動に浸ることができる。こうした共通の聴取経験を理解するためには、個々の文化的背景は一旦脇に置いてみる必要があるだろう。

そうした共通性の問いが理解できたら、次に、個別性に焦点を合わせた問いに取り掛かることができる。その問いは、たとえば、「ある人が特定の曲に感動するとはどういう状態なのか」というものだ。これに答えるためには、その曲が成立した時代や地域、そして、それを聴く人が育った時代や地域を考慮する必要があり、そこでは音楽史や音楽批評の研究を参照する必要が出てくる。別の時代の別の地域の人が同じ曲を聴いて感動するとは限らないが、この問題を考えるうえではそこは重要ではない。この問いは、その曲を聴いて感動する聴き手が属する時代・地域・文化に焦点を絞ったものだからである。

以上、問題を二つに分けたが、本書が焦点を合わせるのは共通性の問いである。確かに、聴取経験を完全に理解するためには、共通性の問いと個別性の問いの両方に答える必要がある。人によっては、個別性の問いから始める方が、考察が具体的になっていいと思うかもしれない。とはいえ、個別性の問いからスタートする場合でも、いずれ共通性の問いが立ちはだかってくるだろう。そのため共通性の問いを扱う本書は、個別性を重視している人にとっても、いずれは役に立つはずだ。

概念分析と心の分析

次に、聴取経験に関する概念に焦点を合わせた疑問をとりあげよう。その疑問は次のようなものである。聴取の対象となるのは音楽だが、現代人が「音楽」ないし“music”という語で理解しているものは、西洋で生まれた特殊な概念ではないだろうか。その概念は特定の時代・地域で培われたものであり、その他の時代や文化では、それに相当する概念は生まれていない。そのことに応じて、日本語の「聴取」で表される概念と、英語の“listening”と、ドイツ語の“zuhören”という概念も、それぞれ異なっているはずである。それにもかかわらず、人間には共通して「音楽」の「聴取経験」が存在すると想定するのは間違っているのではないだろうか。あるいは、その想定は過度な一般化ではないか。つまり、特定の文化で作られた概念を不当な形で他の文化圏に押し付ける、ときに「西洋中心主義」と非難される方針になっているのではないだろうか[1]。

もちろんそうではない。この点を理解するために、フランスのラスコー洞窟にある壁画について考えてみよう。その洞窟の壁には、二万年前のクロマニョン人が描いたとされる牛、馬、山羊などの絵がある。すでに「絵」という言葉を使ってしまったが、そこにあるものを「絵」や「図像」という概念を使わずに理解することなどできるだろうか。

確かにクロマニョン人は、現代人がもつ「絵」概念をもっていなかっただろう。たとえば、現代人の「絵」概念からすると、絵で何かを表すことを目的としていない（表象的でない）抽象画も絵だが、クロマニョン人の「絵」概念に抽象画が含まれるかどうかは定かではない。しかし、クロマニョン人が洞窟の壁に作り出したものを理解するためには、「音楽」「彫刻」「ダンス」といった概念を用いるのは明らかに適切ではなく、「絵」概念を使うのが最もふさわしいとは言える。現代の「彫刻」や「ダンス」という概念を押しつけても、ラスコー洞窟の壁にあるものを理解するうえではほぼ役に立たないだろう。というのも、ラスコー洞窟の壁には、現代の「絵」概念の適用を促すような要素（色や形の配列で何かを視覚的に再現する要素）があり、「彫刻」や「ダンス」を適用できるような要素はさほどないからである。だからこそ現代人は、現代の「絵」概念を利用してクロマニョン人の創作物を理解しようとするのではないだろうか。

壁画という創作物だけでなく、それを生み出した心の状態にも同じことが言える。クロマニョン人が壁画を描いたときの心の状態は、現代人が「絵を描く」ときの心の状態として理解しているものとは完全には一致しないだろう。「絵」概念と同様、クロマニョン人が生きていた頃には、現代人が考える「描く」概念は存在していない。現代人の「描く」概念には、それが培われてきた現代までの歴史的事情が反映されているからである。それでも、そうした「描く」概念を適用することで、クロマニョン人の心の状態をある程度理解できるようになる。むしろ、そうしなければほとんど何も理解できないのではないだろうか。現代人もクロマニョン人も、色や形で何かを視覚的に再現しようとしているはずだ。

まとめよう。特定の時代・地域の人がもっていた心の状態およびその所産を指す言葉や概念は、他の時代・地域の特定の人がもっていた心の状態およびその所産を指す言葉や概念とは完全には一致していないかもしれない。それでも、前者の心の状態と後者の心の状態には、二つを同じ種類の活動・所産として概念的に分類する共通の要素があると考えられる。そうであるなら、現代の特定の地域の人がもつ心の状態を指す概念は、別の時代・地域の人がもっていた心の状態を理解するうえで利用できるはずである。

同じことが音楽と聴取経験にも言える。異なる時代・地域の人が生み出した産物はさまざまあるが、そのなかで、現代の「音楽」概念を使うことで理解できるものがある。その概念の適用は、現代の文化の単なる押しつけではない。というのも、その産物には、「絵画」や「彫刻」ではなく、「音楽」を利用して理解するのがふさわしいと言える特徴があるからだ。同様に、異なる時代・地域の人がもつ心的状態はさまざまだが、そのなかに「聴取」という概念を使うことで理解できるものがあるだろう。

以上の方針のもと、本書では、「聴取」という言葉が意味している心的状態には、さまざまな地域・文化に共通の要素があると想定し、そうした共通の心の状態がどういうものであるかを検討する。本書が目指しているのは、「聴取」という概念自体の分析ではなく、その概念が指している心の状態の分析である。

本節の最後に、音楽研究に詳しい人が気にしそうな問題を簡単に二つ取り上げておきたい。一つは、クリストファー・スモールの「ミュージッキング」の議論に関するものである（Small 1998）。そこでは、従来の音楽についての考察では、作品として出来上がってしまった音楽、別の言い方をすれば「モノ」としての音楽ばかりが取り上げられ、音楽に参入する行為や、音楽がもつ出来事としての側面が無視されているとよく言われる。さらには、演者と聴き手という区別は実は不適切であり、むしろ、何かしら音楽に関わる行為をすべて「ミュージッキング」として扱おうという大胆な主張がなされている。

もう一つの問題は、音楽鑑賞の身体性に関するものだ。その議論では、従来の音楽に関する考察は作品としての音楽を過度に強調しており、聴き手が体を揺らして音楽に反応することや、そもそも音楽は踊りという行為と一体であったという点を無視していると言われる（たとえば、山田 2008; 2017）。

本書ではこれらの議論に深く立ち入らないが、それと接続可能な考察は行なう予定である。第6章では近年の知覚の哲学で注目されている音の存在論と聴覚知覚の議論を紹介するが、その議論では、音を出来事として理解することが基本的な考えとなっている。そうした音についての考察に基づき、第7章では音楽に関する考察に着手するが、もちろんそこでも、音から構成される音楽は出来事とみなされており、さらに、演奏された音楽のパフォーマンスとしての側面も取り上げる。また第6章では、音は聴覚のみで捉えられるものではなく、触覚でも、何なら視覚でも捉えられる多感覚（マルチモーダル）知覚の対象であるという議論を行ない、そこから第7章では、聴覚以外の感覚モダリティも音楽鑑賞に関わるという議論を行なっている。そのため、前述の二つの疑問、それに関連する音楽研究に興味がある人は、第6章と第7章の議論まで待ってもらいたい。

聴取経験に関する説明は以上である。次に、本書が採用する哲学の考察方針について説明しよう。

2　音楽美学の自然化

哲学的自然主義

何度も述べている通り、本書は音楽聴取を考察するが、古代から現在まで多くの哲学者が音楽について議論している。プラトン、アリストテレス、デカルト、カント、ニーチェ、ショーペンハウアー、ウィトゲンシュタイン、アドルノ……挙げていけばきりがない。また、こうした西洋哲学の伝統だけでなく、ヒンドゥー教や儒教などの東洋哲学でも、音楽に関する考察がある。さらに、哲学者だけでなく、作曲家や演奏家、指揮者にも、哲学的見解と呼ぶにふさわしい（場合によっては専門の哲学者より面白い）洞察を示している人たちがいる。

だが、そうした見解を紹介したり、それを使って聴取経験を分析したりする本は、国内でもたくさんある。それらとは異なり本書は、本章の冒頭で述べた通り、心の哲学を使って聴取経験を分析したい。

重要なのは、心の哲学を取り入れた音楽美学の考察は、心の哲学で中心的な位置を占めている方針を取り入れて音楽美学の問題を扱うことになる、という点だ。その方針は「哲学的自然主義」と呼ばれるものである。

自然主義というと文学の運動が思い浮かぶかもしれないが、哲学のなかでの自然主義はもちろんそれではない。哲学的自然主義を大雑把に言うと、「哲学的考察を行なうにあたって自然科学との連続性を重視する方針」である。自然主義に基づいて認識論に取り組む方針は「認識論の自然化」と呼ばれ、倫理学に取り組む方針は「倫理学の自然化」と呼ばれる。それにならって言えば、本書は「音楽美学の自然化」の著作である。[2]

だが、ひょっとすると、哲学と科学はまったく異なる活動だと思われるかもしれない。たとえば、科学でどういう発見があろうと、それとは無関係に哲学はいくらでも好きなことを言えるし、科学も哲学で何が言われているかなど問題にしていない、という印象があるかもしれない。あるいは、哲学は科学では扱い難い問題を考察する領域だと考えている人もいるだろう。人間とは何か。心とは何か。究極的な世界の構成要素は何か。こうした問題は、科学では扱いにくそうだし、ひょっとしたら原理的に扱えないものかもしれない。それらに答えることこそが哲学の役割だ、と考えている人もいるのではないだろうか。

だが、自然主義はこの手の見解を否定する。というのも、科学で得られた成果を利用した方が、哲学的問題を解決する手がかりが増えると考えられるからだ。人間とは何かという問題は、たとえば、生物学では動物との比較や進化という観点から扱われている。人間の心に限って言えば、心理学や認知科学でも研究されている。世界の構成要素に関しては、化学や物理学で研究されているだろう。そうであるなら、そうした領域で得られた知見を利用した方が、より明確に問題を扱えるのではないか。それどころか、そうした科学の状況を知らずに哲学的考察を行なうと、現実のあり方と矛盾してしまうようなことを言いかねないだろう。

さらに言えば、科学との連続性を強調する哲学は、むしろ伝統的なものである。哲学（フィロソフィー）のもともとの意味は、ギリシャ語で「知（ソフィア）」を「愛する（フィレイン）」ということであり、知識を作り上げることを目指す学問はもともとすべて哲学だった。実際、過去の有名な哲学者は同時に科学者でもある。そのため、知識を求める営みという点からすれば、哲学と科学を無理やり分ける必要はないのである。

では、哲学と科学はどの点で分かれるのか。それを理解するためには、知識を求める営みがどうなっているのかをみるのがいいかもしれない。知識の探求は、「理論構築」と「実験による検証」という二つの段階におおよそ分けられる。「おおよそ」と言ったのは、理論か実験かどちらかが必ず先行するというわけではないからだ。さまざまな実験を通してわかったことを加味して理論が作られることもあれば、理論が裏づけられるかどうかを判定するために実験が行なわれることもある。実験の結果をみて理論を変更することもあれば、理論的観点から実験の解釈を変更することもあるのだ。こうした営みがどんどん複雑になってくると、主に実験を行なう人たちと主に理論構築を行なう人たちが分かれてくる。そこで、科学者と哲学者が分かれるようにみえてくるだろう。だが、実験も理論構築も知識を求めるうえでは欠かせない。どちらもやるべきことなのだ。

心の哲学では、こうした自然主義がかなり取り入れられている。心とはどういうものであるかについては、当然ながら心理学で研究されているし、心と関連する身体状態、とくに脳の働きについては、脳神経科学の研究がかなり発展している。そうした動向に応じて、心の哲学では、心理学や脳神経科学といった認知科学の研究成果を踏まえた考察が行なわれるようになっている。むしろ、認知科学の成果を参照しなければ、心について哲学的に考察することもできない局面がすでに訪れている。

以上のことは美的経験の考察にもあてはまるだろう。素晴らしい音楽や心地よい自然音を聴いて美を感じたり感動したりしたときには、当然ながら、知覚システムや情動システムが働いている。そして、これらのシステムがどういうもので、どのように働いているかについては、すべてではないにせよ、心理学や脳神経科学といった認知科学でそれなりに明らかにされている。[3] そうであるなら、それらを使わない手はない。認知科学の成果を利用した方が、聴取経験についてよりよく理解できるはずである。むしろ、それを参照しないのは、もともとの意味での哲学からすれば怠慢と言えるかもしれない。

以上のような意味で、本書は理論構築に焦点を合わせている。そのため、本書が言う「哲学」は、「理論的考察」と言い換えてしまってもまったく問題ない。

反自然主義に関して

だがそれでも、自然主義の音楽美学という方針に対して直観的にネガティヴな反応を抱く人もいるかもしれない。というのも、音楽に限らず、美的経験は科学で理解できる範疇を超えたものであると思われるかもしれないからだ。

たとえば次の疑問が浮かぶかもしれない。心理学や脳神経科学といった認知科学は、人間の知覚システムがどうなっているか、脳のなかで何が起こっているかを研究している。だが、音楽は文化的な産物であり、脳の働きを明らかにするだけで完全に解明できるものではない。人類が現にあるような脳のシステムを獲得してから長い年月が経ち、脳に大きな変化はみられないが、それと比べると人間の文化はめまぐるしく移り変わっている。そして、音楽は文化的な産物である。そうすると、あまり変化していない人間の脳の構造や働きに関する研究によって、かなり変化している音楽と聴取経験を理解することなど不可能ではないだろうか。

これに対しては二つの応答がある。第一に、前節で述べた通り本書は、どの音楽でもいいが、何かしらの音楽を聴くことに共通の要素として何があるかを明らかにしようとしている。理解しようとしているのは、文化そのものではなく、文化を踏まえて人がもつ心の状態であり、それは脳と同じく、文化が違っても（あるいは変わっても）共通するものと想定されている。第二に、音楽が文化の産物であり、その聴取経験に文化の理解が介入することは、本書でも話題にしている。詳しくは、第3章の知識、第4章の学習、そして、自然音と音楽の違いを扱う第7章の議論をみてもらいたい。

別の問題として次の点が気になる人がいるかもしれない。たとえば、音楽に限らず鑑賞経験はときに人生に重要なインパクトを与える。芸術作品との出会いにより、日常生活がおろそかになるほど鑑賞に熱心になったり、それまでの仕事をやめて創作活動に取り組んだりする人もいるだろう。こうした場面では、人生の価値という、科学ではなかなか扱いがたいテーマと美的経験との関わりが問題になる。そのため、人間の心に関する科学を応用しても、美的経験を明らかにすることはできないのではないだろうか。[4]

こうした疑問を抱く人にまず知って欲しいのは、美学と同じく価値を追求する倫理学には、かなり自然化の波が押し寄せているということだ。たとえば、道徳性が欠如している人（いわゆるサイコパス）は、情動をもつために重要な脳領域（vmPFC）がうまく働かなくなっているということが知られている。こうした脳神経科学の成果は、道徳と情動のあいだの重要な結びつきを示している（Prinz 2007）。道徳にとって情動が重要だと主張する情動主義（sentimentalism）は昔から提案されていたが、最近の科学の研究により、それをより説得的に提示する方法が与えられているのだ（道徳の自然主義については、太田 2016、植原 2017 を参照）。

実際、本書で取り上げる（日本ではまだ馴染みがないかもしれない）現代の美学研究者、たとえば、ピーター・キヴィー、スティーヴン・デイヴィス、ジェロルド・レヴィンソン、ジェネファー・ロビンソンなどは、心や音楽聴取に関する経験科学を踏まえた研究を行なっている。それだけでなく、こうした研究者たちの見解は、現在の音楽に関する経験科学の研究でも真剣に受けとめられている。これは哲学業界では非常に珍しい例と言えるかもしれない。昔の哲学者の見解が経験科学の研究で引用されることは多いが、実情を言ってしまえば、その引用は、哲学で行なわれた議論をきちんと踏まえてなされているというより、権威づけとしてなされていることが多い。哲学は、何を言っているかよくわからないが、ともかく何か深遠なことを言っているはずなので、そこに言及すれば自分の研究の格調が高くなるだろう、という安易な考えで言及されていることが多いのだ。これに対し、音楽に関する科学では、現代の音楽美学者の見解が、まさに真剣な考慮に値するものとして引用されている。たとえば、彼らの見解が正しいのか間違っているのかを判定するための実験も組まれたりしている(この点については第9章で取り上げる)。こうした状況を踏まえると、音楽美学も科学を無視できない状況にあると言えるだろう。

とはいえ、反自然主義的な考えを好む人にとっても本書は重要である。むしろ、そうした人にこそ本書を読む価値があるかもしれない。というのも、本書を読めば、自然主義ではこの程度の話にしかならないのか、とわかるからである。むしろ最初から反自然主義をきめてかかると、不必要に超自然的なものを呼び込むおそれがある。実際は、知覚や情動に関する科学の見解をみればすぐ解決できる問題なのに、不必要に凝った説明を作ってしまうかもしれない。それよりは、科学の成果を知ったうえで、ここまでは自然科学の領域で扱えるがここからは無理そうだ、というあたりをつけられる方が良いだろう。その方が説得的な反自然主義を提示できるはずだ。そのため、自然主義で美的経験をどこまで理解できるかは、反自然主義にとっても重要なのである。自然主義が好きではない人は、自然主義ではここまで言えるがここから先はうまくいっていないと知るために、本書の議論に付き合ってもらいたい。

以上で、本書の特徴や意義はある程度説明できたと思われる。次章からしばらくは、音楽を美的に経験するとはどういうことかについて考察しよう。

注

1　この疑念を抱きそうな人の例としては、分析哲学に関して誤解している人が挙げられるかもしれない。本書は、分析哲学の手法を用いた美学、いわゆる分析美学に近いものだが、そもそも分析哲学が何であるかに関して誤解がよくみられる。たとえば、分析哲学はもっぱら概念や言語の使い方を分析する哲学だと言われることがある。しかし、この考えは正しくない。分析哲学の初期の研究にも、言語ではなく、言語によって指し示された事象の分析に充てられているものもある（詳しくは笠木［2018］を参照）。「分析哲学者」に分類される歴史上の研究者も現代の研究者も、実際には、言語以外のさまざまな問題を考察しているのである。むしろ、「分析哲学」という枠組みは、「二十世紀に英語圏で誕生した、物事の分析を重視した哲学」といった歴史的な特徴づけしか与えられないとも言われる。そもそもの話をすれば、分析哲学が得意だとされる「分析・吟味・整理して物事を明晰にする」という方針は、哲学なら（さらに言えば、どの学問でも）当然行なわれるべきものであり、哲学にわざわざ「分析」をつける必要さえないとも言われる。

2　哲学的自然主義は「存在論的自然主義」と「方法論的自然主義」に分かれるが、科学的な探求との連続性を重視するという本書の方針は方法論的自然主義である。他方で、存在論的自然主義は、世界のなかに存在するものは自然科学の対象となるものだけだと主張する方針である。その典型例は、存在するものは物理的なものだけだと主張する唯物論だろう。自然主義について詳しくは、井頭（2010）、植原（2017）、片岡（2017a）を参照。

3　とくに、美や芸術の経験を扱った脳神経科学は「神経美学」と呼ばれる。詳しくは川畑（2012）、石津（2019）を参照。

4　音楽聴取を扱った科学者の見解としては、ピンカーの「音楽は聴覚のチーズケーキだ」という言葉が最も有名だろう（Pinker 1997: 534, 邦訳下巻、四三四頁）。それによると音楽は、自然界には存在しない強烈な快楽を与える刺激にすぎないという。音楽を貶めるようにみえるこの意見に対しては、哲学・美学・音楽学だけでなく、科学者のなかにも反対する人がいる。とはいえ、本書はそこまで還元主義的な考察は行なわない。

第2章 「美しい音楽」は人それぞれ？

絵画や彫刻、机や服装、風景や果物の外見など、芸術作品から日用品まで、人工物から自然物まで、さまざまなものが美的判断の対象となる。当然、音楽も美的に判断されるものだ。音楽についての美的判断とは、たとえば、「ザ・ストゥージズの《サーチ・アンド・デストロイ》は荒々しく攻撃的だ」「ドビュッシーの《月の光》は儚く優美だ」「グレン・ミラー・オーケストラの《イン・ザ・ムード》は軽快で華やかである」「人間椅子の《陰獣》はおどろおどろしい」「ビートルズの《トゥモロー・ネバー・ノウズ》、クーラ・シェイカーの《ゴヴィンダ》、コルトレーンの《至上の愛》は、崇高でスピリチュアルな曲だ」といったものである。

本書の当面の目的は、こうした美的判断に関して、「客観主義」という立場を擁護することである。客観主義によれば、「《サーチ・アンド・デストロイ》は荒々しい」といった美的判断は、「この音の高さはG♭だ」といった知覚的判断と同じように、正誤を問えるものである。高さがG♭の音を聴いたとき、「G♭だ」と判断すればその判断は正しく、「C♯だ」と判断するのは誤っている。それと同様、荒々しい《サーチ・アンド・デストロイ》を聴いたとき、「荒々しい」と判断すれば正しく、「大げさで滑稽だ」と判断すれば誤っているのである。

美的判断と知覚的判断の違いはこれから説明するが、ひょっとすると人によっては、美的判断の客観主義は当然の立場ではないか、わざわざ擁護する必要があるのか、と思うかもしれない。しかし、この立場がまったく信じられないという人もいる。その証拠に、「蓼食《たで》う虫も好き好き」という諺がある。人間には不味い蓼を好んで食べる虫がいるように、ある人が嫌いな曲を好む人がいる。そこから、ある曲が素晴らしいか下らないのかは個人の趣味嗜好の問題ではないか、と考えられるかもしれない。

そうした立場、美的判断の「主観主義」によると、美的判断は個人の感想の表明であり、真偽を問えるものではない。自分が良いと思った曲は自分にとって「良い曲」であり、滑稽だと思った曲は自分には「滑稽な曲」である。自分にとってはそれが正しく、人からとやかく言われる筋合いはない。美的判断はすべて主観的なものなのだ。

客観主義と主観主義の違いを理解するためには、まず、美的判断が他の判断とどう違うのかを理解しておかなければならない。さらに、美的判断と関連した「美的経験」や「美的性質」が何なのかも理解しておく必要があるだろう。そのため本章では、少々細かい話になるが、本書全体で用いる基本的な概念を整理することにしよう。

1　基本概念の整理

判断と経験

まず、判断が一般的にどういうものかを特徴づけておこう。判断は平叙文のかたちで表せる心的状態である。たとえば、「目の前にあるトマトは赤い」「いま鳴っている音の高さはG♭だ」などと思う状態のことだ。[1] 日常的には、いくつかの選択肢のなかからどれかに決める心の働きが「判断」と呼ばれることが多いが、本書では、いま自分が何を思っているか報告できる心の状態を判断と呼ぶ。

判断は、対象への性質帰属の一種である。言い換えると、ある対象がある性質をもつと述べる働きの一種だということだ。「目の前にあるトマトは赤い」という判断は、トマトという対象が赤さという色をもつと述べている。「この音はG♭だ」という判断は、その音がG♭という高さをもつと述べているのである。

次に重要なのは、判断はふつう正誤を問えるということである。言い換えると、判断は、判断の内容と、判断されている対象の実際のあり方とを照らし合わせて、正しかったり間違っていたりするものなのだ。たとえば、目の前にあるトマトは赤いにもかかわらず、「このトマトは黄色い」と判断したとしよう。当然ながらその判断は間違っている。その判断は、目の前にあるトマトが実際にもっていない黄色さという性質をそのトマトに帰属させており、その点で誤っているのである。同様に、「この音はC♯だ」と判断しても、実際にしていた音の高さがG♭だった場合、その判断は誤っている。

正しい判断も誤った判断も、何らかの根拠に基づいて下される。根拠の代表例は知覚経験だ。たとえばトマトを見たとき、赤さという性質が意識に現れる。その経験に基づいて「このトマトは赤い」

という判断を下すことができるようになる。このとき、もし色覚システムに何らかの異常が起き、黄色さが意識に現れていたなら、「このトマトは黄色い」という誤った判断を下してしまうだろう。音の場合も同様に、ギターが出している音の高さはG♭であるにもかかわらず、聴覚システムに異常が起きてC#の高さが意識に現れたら、「このギターの音の高さはC#だ」という誤った判断を下してしまうだろう。このように、自分の周りにある対象がどういった（知覚可能な）性質をもっているかが問題になる判断（知覚的判断）では、その根拠となる知覚経験が正しければそれに基づいて正しい判断が下せ、知覚経験が誤ればそれに基づく判断も誤ってしまうのである。[2]

知覚経験が正しいかどうかは、それが対象に帰属させている性質を、実際に対象がもっているかどうかで決まる。知覚経験も判断と同様、対象のあり方と照らし合わせて正誤を問えるものなのだ。先ほど判断は性質帰属の一種だと述べたが、知覚経験も性質帰属の一種である（Nanay 2013: chap. 3, sec. 2）。トマトの赤さを見る経験では、トマトとその赤さが意識に現れる。さらに、そのトマトと赤さは別個のものとして意識に現れているのではなく、赤さはトマトがもつ性質として意識に現れている。その経験は、トマトが赤さという性質をもっていると告げているのだ。同様に、G♭の高さの音を聴く経験は、その音がG♭という高さをもつと告げているのである。

知覚経験も判断も対象への性質帰属だが、両者は帰属のさせ方が異なっている。最初に述べたように、判断は平叙文のかたちで表せるものであり、その性質帰属は言語で表せるものになっている。「このトマトは赤い」という判断は、「このトマト」という主語に「赤い」という語を結びつけている。「この音はG♭である」という判断は「この音」に「G♭である」という語を結びつけている。判断の性質帰属は、主語への述語づけ（述定）によってなされるのだ。

　これに対し、経験による性質帰属は非言語的なものである。「経験」は、知覚であれ情動であれ美的なものであれ、何かが意識に現れる状態を指している。たとえば、トマトが赤さをもつように見える場合、そのありありとした赤さ（いわゆる「クオリア」）が意識に現れている。そのありありとした赤さは、言語で完全にすくい取れるものではない。さまざまなトマトが「赤い」と言われるが、個々のトマトの熟れ方の違いに応じてどれも微妙に（色相・明度・彩度が）異なった赤さをしているだろう。「赤い」よりもきめ細かい用語、「真紅」「朱色」「臙脂《えんじ》」「猩猩緋《しょうじょうひ》」でも同じだ。「真紅」と呼ばれるどのトマトも、それぞれ微妙に異なった色づきをしている。そうした微妙な違いは、知覚では区別できるが、言語では区別できない。どちらも「真紅」と呼ぶしかないからだ。他方で、知覚による性質帰属では、言語による性質帰属では捉えきれない細かい区別が可能なのである（Evans 1982: 229）。

　聴覚の場合にも同じことが言える。先ほどまでは音程を例にしていたが、ここでは音色を例にするのがわかりやすいだろう。たとえば、「フェンダーのテレキャスターをローランドのＪＣ１２０にアンプ直でつないだときのジャキジャキした音」と言われる音が二つあるとしても、アンプのイコライザーの調整が違えば音色が微妙に違っている。たとえイコライザーのコントロールノブを同じ位置に合わせていたとしても、ギターにもアンプにも個体差があるため微妙に音色が違ってくるし、なんなら、ギターを弾く部屋の広さが違えば音の聴こえ方が変わってくる。こうした微妙な違いを言葉で完全に説明することはできない。これに対し知覚経験は、そうした違いを捉えるような、性質の意識的現れを介した性質帰属なのである。[3]

ここで、経験が意識的なものであることを強調するために、経験と意識下の心的状態とを対比させておこう。トマトの赤さが意識に現れるうえでは、意識下でさまざまな心的処理が行なわれている。トマトの表面から反射された光が目に入り、錐体《すいたい》細胞が一定の仕方で反応する。その反応は視神経を伝わり、脳に伝えられる。そこでさまざまな反応が生じ、意識に赤さが現れる。もし錐体細胞が適切な反応をしなかったり、脳で何か問題が生じていたりしたら、意識に赤さが現れることはなかっただろう。音についても同様である。音波が鼓膜を振動させると、その振動は蝸牛《かぎゅう》に伝えられ、蝸牛の基底膜でその振動がどのような成分の周波数をもっているかが分析される。そうした反応が脳の聴覚野に伝えられ、そこでさまざまな処理が行なわれると、最終的に一定の高さの音が意識に現れる。もし蝸牛や基底膜、聴覚野に問題が起きていたら、その音は意識に現れなかっただろう。

とはいえ、錐体細胞や基底膜、脳がどのように働いているかは、意識には現れてこない。自分の一人称的な観点、別の言い方をすれば、「現象学的な観点」からわかるのは、意識に赤さや一定の音高が現れているということだけである。[4] トマトを見ているときとピーマンを見ているときとでは錐体細胞や脳の反応が異なっているだろうが、それらの反応がどう違うのかは一人称的な観点からはわからない。わかるのは、トマトを見る場合には赤が意識に現れ、ピーマンを見る場合には緑が意識に現れているということだ。同様に、異なる長さの二本の弦を弾いたときの振動が基底膜にどういった反応の違いをもたらすかは、意識に現れない。意識的にわかるのは、二つの音が違う高さをもっているということである。[5]

まとめよう。判断は言語を介した対象への性質帰属であり、それは経験という意識的現れを介した性質帰属に基づいている。経験は問題となっている対象と比べて正誤を問えるものであり、正しい経験に基づく判断は正しく、誤った経験に基づく判断は誤ったものとなるのだ。

美的判断と美的経験

ここまで、色、音高、音色といった性質の経験と判断を例として、経験と判断の関係を説明してきた。では、美的経験と美的判断はどのような関係にあるのだろうか。

本書では、美的経験と美的判断についても同様に扱うという方針をとる。つまり、あるメロディが優美さやダイナミックさを伴って意識に現れると「このメロディは優美だ／ダイナミックだ」という正しい美的判断が下せる、ということだ。このとき、もし対象が優美さやダイナミックさをもっていなければ、美的経験も、それに基づく美的判断も誤っていることになるだろう。[6]

いくつか注意点がある。まず、この方針では本章の冒頭で述べた美的判断の客観主義が前提とされている。つまり、美的判断には正しいものと誤ったものがあると考えられているのだ。だが、これも冒頭で述べたように、こうした考えに反対し、「このメロディはダイナミックだ」といった美的判断は主観的な感想であって正しくも誤ってもいないと主張する立場、主観主義がある。二つの立場の違いは次節で詳しく取り上げる。

次に、美的判断で使われる述語に関する注意点がある。本書では、すべての美的判断について正誤が問えるとは主張しない。たとえば、「良い（good）」、「悪い（bad）」、「素晴らしい（excellent）」といった述語が使われる美的判断は除外したい。こうした述語は内容が少なく、おおよそ何にでも当てはまるだろう。たとえば、ナイアガラの滝の音、ドビュッシーの《月の光》、テンピュールの枕の肌触り、ゴロワーズのフレーバーなど、実にさまざまなものが「良い」とか「悪い」とか言われたりするが、そこに何か共通点があるのか定かではない。その述語を適用する客観的な基準が何なのかを特定するのは難しいだろう。[7]

これに対し、本書で客観性を擁護したいのは次のような述語を用いた美的判断である。「優美な(graceful)」「けばけばしい(garish)」「バランスがとれている(balanced)」「混沌としている(chaotic)」「統一感がある(unified)」「華奢な(dainty)」「繊細な(delicate)」「ダイナミックな(dynamic)」「力強い(powerful)」といったものだ。これらの述語は内容がかなり特定されており、何にでもあてはまるわけではない。たとえば、ナイアガラの滝の音は「ダイナミックだ」とは言えるが、「繊細だ」とは言えないだろう。こうした述語は対象がどういうあり方をしているのかを説明する内容、記述的内容を含んでいるのだ。[8]

次の注意点は、「美的判断」の「美的」という語感に関するものである。「美的」という語は、対象をポジティヴに評価する判断のみを指す印象を与えるかもしれない。だが、ここで挙げた美的判断には対象をネガティヴに評価する判断も含まれている。人によっては、「審美的」「感性的」と言った方がわかりやすいかもしれない。とはいえ、「美的」の方が流通しているので、本書もそれを用いよう。

最後の注意点は、美的判断の対象となるのは芸術作品だけではないということだ。すでに述べたように、大きな滝が出す轟音は「ダイナミックだ」と言われ、また、耳元で蚊が飛ぶ音は「うっとうしい」と言われるだろう。本書では音楽という芸術作品の聴取経験とそれに基づく美的判断を検討するが、ここで述べた美的経験や美的判断の特徴づけは、自然物を対象とした経験や判断にもあてはまるものである。

ここまで、美的判断は美的経験に基づいて下されると述べてきた、では、美的経験と美的でない経験はどこが違うのだろうか。それについての本書の方針は単純だ。経験は対象に性質を帰属させる心的状態だと述べていたが、美的経験と非美的経験の違いは、対象に帰属させる性質の種類の違いだと主張するのである。つまり、美的性質を対象に帰属させるのが美的経験であり、非美的性質を対象に帰属させるのが非美的経験なのだ。

とはいえ、これではあまり説明になっていない。この考えを実質的なものにするためには、当然ながら、美的性質と非美的性質の違いを説明しなければならない。

美的性質と非美的性質

美的性質と非美的性質の違いを理解するために、まずは具体例をみてもらいたい。美的性質は前述の美的述語に対応する性質である。優美さ、けばけばしさ、繊細さ、ダイナミックさ、といったものだ。他方で、非美的性質の例としては、音高、音量、音色、色、形、大きさ、などが挙げられる。非美的性質は、五感を通じて知覚されると言われる代表的な性質のことだ。

では、美的性質と非美的性質の違いはどこにあるのか。一つは、美的性質は評価をもたらす性質、つまり、価値性質であるという点だ。対象がもつダイナミックさやけばけばしさは、ポジティヴないしネガティヴな評価をもたらす。「この曲はダイナミックだ」と言われる場合には何かしらポジティヴな評価が下され、「この曲はたどたどしい」と言われる場合にはネガティヴな評価が下されているだろう。これに対し、ある曲がC-F-Am-Emというコード進行をしていることや、音色がファズを噛ませたレスポールのようであること自体は、評価や価値に中立的である。そのコード進行やその音色をしているメロディでも、ポジティヴに評価されるものもあればネガティヴに評価されるものもある。どういう音の高さをしているか、どういう音色をしているかが決まっても、それだけでは評価は定まらないのである。

また、美的性質は趣味（taste）や感受性（sensibility）を働かせなければ知覚できないものだと言われる（Sibley 1959: 421）。「趣味」という語は、「趣味は人それぞれ」「趣味については議論できない」という主観主義的なニュアンスで使われることも多いので、以下では「感受性」に統一しよう。感受性は、美的性質をもつ対象をたくさん経験したり、有能な批評家から教えてもらったりするという学習によって身につくものとされている（Sibley 1959: 431–432; 1965: 137; 1968: 39–40）。美的性質を知覚するためには、美的なものに関する学習によって感受性を洗練させる必要があるのだ。

ここで、感受性がどういうものかより詳しく知りたいと思うだろう。だが、それらをどう特徴づけるかは、当面の目的である美的判断の客観主義にとってかなり重要な作業であり、ここだけで十分な説明を与えることはできない。感受性をどう考えるかは、次章以降、他の研究者がどのような意見をもっているかを整理するなかで説明したい。

とはいえ、注意すべき点がある。それは、優美さ、ダイナミックさ、けばけばしさ、といったものが美的性質であると認めることは、美的なものとは何かに関する理論を作る作業の出発点だということである。美的性質とは何であるかについてどういった理論を作ろうとも、優美さやダイナミックさを美的性質と扱えない理論は、それだけで間違っていることになるだろう。

次に、美的性質と非美的性質の別の違いを挙げておこう。それは、美的性質は非美的性質に依存する、ということである。たとえば、ある絵画が優美であるのは、それが特定の色や形をもっているからであり、あるメロディがダイナミックなのはそのメロディが特定の音の配列をしているからだということだ。もし、その絵画の色を少しでも変えてしまったり、そのメロディのなかの音をわずかでも変えてしまったりすると、優美さやダイナミックさが失われてしまうかもしれない。

こうした関係は「付随性（supervenience）」という概念を使って説明されることが多い。美的付随性をごく簡単に述べると、対象の非美的性質が変わることなしにその対象の美的性質が変化することはない、という関係である（Levinson 1984）。

また、美的性質の付随性はゲシュタルトと類比的に説明されることが多い。ゲシュタルトは、「全体のまとまり」のことである。それを理解するために、有名なアヒル／ウサギの多義図形を見てみよう。

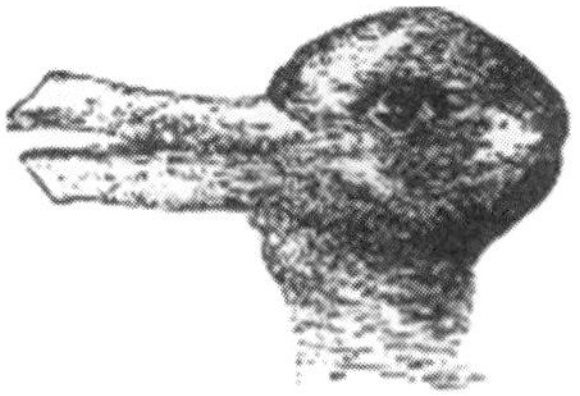
図１　アヒル／ウサギ図

図1は、アヒルに見えたりウサギに見えたりするが、そうした見え方の反転があるときに、図を構成する線や点、面積といった特徴そのものに変化は生じていない。何が変わっているかというと、図のそれぞれの部分がどのような全体としてまとまるか、そのまとまり方である。たとえば、アヒルに見

えていたときにはクチバシに見えていた左側の出っ張りは、ウサギに見えるときには耳に見えるようになる。同じ部分が全体のなかでどのような役割をもつかが変化するのだ。このように、ゲシュタルトは、部分と全体の関係の知覚が変わるのに応じて変化するものである。

注意すべきだが、全体の関係としてのゲシュタルトは、対象の形と同一ではない。多義図形の知覚の場合、図形そのものの形は変化していない。変化しているのはそのまとまり方である。ゲシュタルト知覚は、部分の加算的集合（その図がもつ点や線、形の単なる集まり）には還元されない、全体的なまとまりの知覚なのである。

先ほど、対象がもつダイナミックさは、その対象がもつ音色・音高・音量、また、色や形といった非美的性質によって決まると述べていた。美的性質も、非美的性質を部分としてもつような全体の関係としての特徴であり、それを捉えるためには、全体のまとまりを捉えるゲシュタルト知覚が必要だと考えられることが多い（Kivy 1968; Scruton 1974: chap. 3; Sibley 1965, 1968; Wallton 1970）。

ここで、音楽がもつ典型的な特徴の一つであるメロディについても説明しておこう。メロディの知覚もゲシュタルト知覚だと言われる。メロディは、それを構成する音の単なる集まりではない。それを理解するためには、転調や移調を考えてみるのがいいだろう。たとえばカラオケで、クリスタルキングの《大都会》とかTHE BACK HORNの《コバルトブルー》を歌いたいのだが、あんな高音はでないので、キーを下げる場面を考えてみよう。全体のキーが下がることによって、歌のメロディを構成する個々の音はすべて数音下のものに置き換えられてしまっている。だがそれでも、同じメロディとして認識できるだろう。その理由は、メロディは個々の音の単なる集合ではなく、音同士の関係だからである。ある高さの音の次に、そこから高さがこれだけ上の音がくる、その次に高さがこれだけ下になる、といった音高の変化の関係が維持されていれば、メロディも維持されるのだ。メロディを変える場合に、こうした関係を保存するのではなく、そのなかの一音だけ高さを変えてしまったら、言い換えると、音高の上下関係を変えてしまったら、メロディは別のものになってしまうだろう。メロディは、個々の音の単なる集まりではなく、個々の音が作り出している関係なのである。

注意すべきだが、メロディそのものは美的性質ではない。メロディはあくまでも、まとまりとして知覚される音の連なりのことである。メロディはすべて音のまとまりであるが、そのなかで、ある音のまとまりはダイナミックさをもつとされ、別のまとまりは繊細さを、さらに別のまとまりはぎこちなさをもつと評価されるのである。

この点を理解するには、美的性質は音高の上下関係だけでなく、音色や音量にも依存しているという点をみるのがいいだろう。あるメロディがダイナミックであるのは、それが特定の音量・音高・音色をもっているからだが、それがもつ音高の上下関係はそのままでも、音色をすべて別のものに変えてしまったら元のメロディのダイナミックさは失われうる。メロディの同一性は音高の上下関係で決まるが、美的性質は他の性質にも依存しているのである。

美的判断、美的経験、美的性質のおおまかな特徴づけは以上である。すでに述べたように、以上の説明は美的判断の客観主義を前提としたものになっている。次に、美的判断の客観主義と主観主義をより詳しく説明しよう。

2 実在性と客観性を分ける

客観主義と主観主義

まず、美的判断の客観主義がどういった根拠から支持されるのか、また、どういった根拠から否定されるのかをみることにしたい。

美的判断に客観性があると考える理由としては、たとえば、誰かが書いた作品のレビューを信頼したりしなかったりするということが挙げられる。有能な音楽レビュアーが書いた「この曲はダイナミックでパワフルだ」という解説をみてアルバムを買う場合（実際のレビューはこんなに表現力が乏しくはないだろうが）、なぜ購入したかといえば、その批評家が下した美的判断を信頼し、その曲を聴けばダイナミックさやパワフルさを聴くことができると考えているからではないだろうか。他方で、音楽の素人がその曲について何か言っても、あまりあてにしない。こうした違いは、美的判断には正しいものと誤ったものがあるという考えを前提としている。有能なレビュアーの判断は正しいが、素人の判断は多分間違っていると思われているということだ。もし美的判断が正誤を問えない主観的な感想でしかないなら、有能なレビュアーの解説や批評を熱心に読む一方で素人の意見はあてにしないという振る舞いの根拠が薄れてしまう。どちらも主観的な感想であるなら、片方だけを信頼する理由はないからだ。また、どちらも感想にすぎないなら、レビュアー同士がどちらの美的判断が正しいのかを争うことも無意味になるだろう。[9]

客観主義はこのように動機づけられるが、それを擁護するのは簡単ではない。というのも、美的判断に関する別の側面は、「主観主義（極端な相対主義）」を支持するようにみえるからである。

たとえば、ザ・シャッグスの《フィロソフィー・オブ・ザ・ワールド》がカッコいいのかどうかについて友人と言い争いになっているとしよう。自分は、「歌も演奏も信じられないくらい下手くそで、たどたどしく、ぎこちなく、とても聴いていられないくらい酷い」と思っている。しかし友人は、「確かに下手だが、あまりにも下手すぎて、むしろそれが誰にも再現できない強烈なダイナミックさを生み出していて最高なんだ。カート・コバーンやフランク・ザッパもこの曲を高く評価している」と言ってきた。これを聞いて自分は「こんなのどこが最高なのか。変なものを最高と言うことで、自分の感性が独特だと言いたいだけじゃないのか」と言い返す。それに友人も何か言い返してくる。結局、ザ・シャッグスの曲がぎこちないだけなのか、それともダイナミックであるのかについて意見は一致しなかった。

こうした状況を考えると、ある曲がぎこちないのかダイナミックなのかは、それを聴く人の好き嫌いによる、と考えたくなるかもしれない。何をどう評価するかは人それぞれで、ぎこちないのかダイナミックなのかに関して事の真相などないということだ。

そうすると、前述の（客観主義的な）美的判断の特徴づけは間違っているということになる。先ほどは、美的判断も他の判断と同じく対象への性質帰属だと述べていた。そして、判断によって帰属させられる性質を対象が実際にもつかどうかによって正しいか間違っているかが決まると述べていた。しかし、対象がどの美的性質をもつのかについて事の真相がそもそもないのなら、判断の正しさを決める基準もないということになる。そうであるなら、むしろ美的判断は、「自分にはこう思われる」という主観的な感想の表明だと考えられるだろう。「この曲はダイナミックだ」という美的判断は、「この曲は自分にはダイナミックに聴こえる」ということを省略して述べているものにすぎない。そして、こうした感想の表明は、正しいとか間違っているとか言われるものではない。自分にそう思われるからそうなのであって、他の何かの基準に照らし合わせて正誤を判定されるものではないのだ。そして、美的判断の食い違いは、感想が一致していないということだけなのである。以上が美的判断の主観主義だ。

こうした問題を乗り越え、客観主義をうまく擁護できるかということは、昔から美学の重要な論点となっている。そして、すでに何度か述べた通り、本書は客観主義を擁護したいと思っている。だが、ここで注意すべき点がある。それは、美的判断の客観主義と美的性質の実在論を混同してはいけないということだ。

新たに「実在」という言葉が出てきたので、それを説明しよう。「実在」という言葉は、さまざまな文脈で違った意味合いで用いられる。日常的には「ムー大陸は実在した」というように使われることが多いかもしれない。その場合、「ムー大陸は本当にあった」ということが意味されている。しかし、「本当にあった」というときの「本当」とは何だろうか。人によって「本当」の使い方が違うかもしれない。「本当」で何を意味するかに応じて、実在論の内実もかわってくるだろう。

本書では「実在」を次の意味で用いる。「Xが実在する」とは、「Xは心や経験から独立に存在する」ということである。そうすると、ムー大陸の実在論とは、人間がムー大陸を発見しようがしまいが、そもそも人間が存在しようがしまいが、それとは無関係にムー大陸は存在していると主張する立場ということになる。他方で、ムー大陸の反実在論は、ムー大陸は人間が作り出した創作物にすぎず、そのため人間が存在しなければその創作物であるムー大陸も存在しないと主張する立場ということになる。

この用法にしたがうと、美的性質の実在論とは、美的性質は人間によって経験されてもされなくても、それとは無関係に存在している性質だと主張する立場になる。他方で、美的性質の反実在論は、美的性質は何らかの意味で人間に依存する（人間が作り出した）ものだと主張する立場になる。

美的性質の実在論をとる場合、美的判断の客観主義も採用することになるだろう。対象がダイナミックであるかどうかは、人間がそれを経験しようとしまいと、それとは独立に対象の側で決まっている。しかし、人間は美的経験によってそのダイナミックさを知ることができる。対象の美的性質を正しく知ることができれば、それに基づいて正しい美的判断を下すことができるだろう。だが、誤った美的経験をもってしまったら、つまり、対象が実際にはもたない美的性質を対象に帰属させる経験をもってしまったら、美的判断も誤ることになるのだ。

しかし、美的性質の反実在論を取りつつ美的判断の客観主義をとる道がないわけではない。言い換えると、美的性質が何らかの意味で人間に依存していても、美的判断には正しいものと誤ったものがあると主張する余地があるのだ。

この点を理解するために、ひとまず、色の反実在論と色判断の客観主義が両立するということをみてみよう。

色をめぐる議論

色の反実在論によると、たとえばポストを見たときに意識に現れる赤さは、ポストそのものがもつ性質ではなく、意識がもつ性質である。色は、物体の表面がもつ特定の物理的性質（分光反射特性）と人間の感覚器官が相互作用したときに人間の心の側（とくに意識）に生じるものであり、物体そのものは色をもっていないというのだ。こうした立場は、ガリレオ、ボイル、ニュートンまで遡れる、科学者の伝統的な見解と言っていいだろう。

この立場では、色をもつ意識主体が存在しなくなれば色も存在しなくなるということになる。また、色を知覚することとは、意識そのものの性質が対象の性質であるかのように経験されること、言い換えると、意識がもつ色が対象に「投影」されることだと考えられることになる。

この「投影」という点からすると、色知覚はすべて誤っていることになる。というのも、赤さはポストがもつ性質であるかのように意識に現れているが、実際のところポストは赤さをもっていないからだ。

だがこの立場でも、ポストが赤く見える（赤さがポストに投影される）経験に基づいて下される「ポストは赤い」という色判断は、次に説明する意味で、客観的ないし「間主観的」に正しく、青く見える（青さが投影される）経験は間主観的に間違っているという区別を与えることができる。

間主観的に正しい／誤っている、という違いは、たとえば、大多数の人との行為やコミュニケーシヨンがうまくいくかどうかによって特徴づけられるだろう。「赤いものを取ってきてくれ」と言われたときにリンゴやトマトを取ってくる人は多くの人とうまくコミュニケーションがとれ、バナナやミカンを取ってくる人はうまくいかない。こうした例に基づき、行為やコミュニケーションがうまくいく人が行なう投影は適切なものであり、失敗する人の投影は不適切だと言うことができる（うまくいかない人の色覚には異常が起きているはずである）。

ここからさらに、適切な投影に基づいて下された「ポストは赤い」という色判断は間主観的に正しく、不適切な投影に基づく「ポストは青い」という色判断は間主観的に誤っていると言うことができる。そのため、反実在論を受け入れ、投影という意味で色知覚はすべて誤っていると認めたとしても、色知覚に基づく色判断は間主観的に正誤が問えると主張できるのだ。[10]

美的判断／経験／性質も同じように考えることができる。かりに美的性質の反実在論が正しいとしてみよう。たとえばナイアガラの滝の音を聴くと、その音がダイナミックさをもっているように経験されるが、ダイナミックさという美的性質は経験がもつ性質であり、それが滝の音に投影されているにすぎない。このときの美的経験は、滝の音が実際にはもたない性質を帰属させているという点で誤っている。だがそれでも、この経験に基づいて下された「ナイアガラの滝の音はダイナミックだ」という判断は間主観的に正しいと言える余地がある。他方で、「ナイアガラの滝の音は繊細だ」と判断した人は、経験や判断（またそれらを成り立たせている意識下の過程）に何か問題があり、誤っていると考えられる。美的判断も、大多数の人あるいは少数の有能な批評家と一致するなら正しく、一致しない場合は誤っていると言えるのだ（Sibley 1968）。[11]

ここで、客観主義と実在論の関係を説明しておこう。客観主義は実在論より弱い立場である。というのも、前述の通り、実在論を支持する人は客観主義も支持するだろうが、客観主義をとっても反実在論をとる余地があるからだ。確かに、美的判断の客観主義と美的性質の実在論の組み合わせは、シンプルでわかりやすい。だが、美的判断の客観主義を擁護するために、美的性質の実在論を取る必要はないのである。[12]

ここまで、色の実在性と色判断の客観性の違いを例にして、美的性質の実在性と美的判断の客観性の違いを説明した。注意すべきだが、ここで説明したかったのは、実在性と客観性が区別できるということであり、色と美的性質がまったく同じように扱えるということではない。だからこそ、色判断の客観主義は当然の立場であるのに対し、美的判断の客観主義は擁護する議論が必要になっている。その違いとして、たとえば次の点がある。先ほど、美的判断が間主観的な正誤を問えると述べたとき、その基準として、大多数の人あるいは少数の有能な批評家の判断と一致するかどうかを挙げていた。ここで、色の場合とは異なり、「有能な批評家」というものが登場しているが、それは一体どんなものであり、また、どのように特徴づけられるのか。その答えの一つは、次章で説明する「理想的鑑賞者」の導入である。

次章では、理想的鑑賞者を引き合いに出す見解も含め、美的判断の客観主義を擁護するさまざまな論者の主張を紹介しよう。そのなかには、ここで述べたように、美的性質の反実在論をとりつつ美的判断の客観主義を擁護しているものもある。

注

1 音楽を主題とする本書では音に関する判断の例だけを扱えばいいと思われるかもしれないが、ここでは色知覚の例も挙げておこう。というのも、「これは赤い」などの判断は容易に下すことができるが、「G♭の高さの音がした」という判断は、楽器を演奏したり絶対音感をもっていたりする人でないと下せないかもしれないからだ。音の例がピンとこない人は色の例を念頭にここでの説明を理解してもらいたい。

2 厳密に言えば、経験と判断をつなぐ過程も適切に働いている必要がある。たとえば、色覚システムに問題はなく、赤い対象を見て赤さが意識に現れていても、自分の経験を適切に内観できない錯乱した状態では、「このトマトは黄色い」といった判断を下してしまうだろう。こうした可能性を考慮すると「正しい経験に基づけば正しい判断が下せる」というだけでなく、「基づく」という過程も適切なものであると言わなければならない。だがここでは、説明を簡潔にするため、その過程が適切なものであることは前提としておく。

3 注意すべきだが、判断を下すために常に意識的な性質帰属が必要になるわけではない。たとえば、丸さが意識に現れていなくとも「地球は丸い」と判断することができるだろう。もちろん、その判断を下すときに、地球の心的イメージのようなものが意識に浮かぶことはあるだろうが、それがなければ「地球は丸い」という判断を下せないということはない。意識的現れは、いくつかある判断の根拠のうちの一つなのだ。

4 知覚システムがどういう仕組みで働くのかを知っていれば、意識に赤さやG♭が現れたときに、当該のシステムではこういう反応が起こっているはずだ、という推測できる。だがそれは、意識に基づいた判断ではなく、知覚システムに関する知識にもとづいた推論によって可能になった判断である。

5 盲視の例を考えると、意識的でない知覚状態も性質帰属を行なっていると言えそうだ。盲視とは、視覚野の障害によって意識的な視覚経験を部分的に欠いているにもかかわらず、視野の欠けた領域に提示された刺激を指差したり、障害物を避けて道を歩いたりすることができるという現象である。人間の脳には視覚的に処理した情報を意識的に経験させるための経路と、意識を介さず行動に利用するための経路があり、前者が機能不全を起こしても後者の経路は使えると言われている（Goodale and Milner 2004）。とはいえ、そうした情報は、ここで問題にしているような一人称的な観点から判断の根拠として利用できるものではない。

6　美的経験と非美的経験は対象となる性質が美的かどうかという点だけで区別できるのか、経験の側にも両者を区別する要素があるのではないか、ということも議論されている。とくにノエル・キャロルとロバート・ステッカーが論争を行なっており、その論争はDurà-Vilà［2016］にまとめられている。

7　さらに、こうした用語は主観的な感想を表現するためにも用いられる。明らかにめちゃくちゃ下手な絵で、大多数が下手であると言い、自分も下手だと思っている絵でも、なぜか自分はそれを気に入っているとしよう。そのとき「この絵は良い」と言うことができる。その場合の「良い」は主観的な感想の表明だろう。

8　こうした述語の区別はフランク・シブリーの見解（Sibley 1974, 2001: 91–92）に基づいている。シブリーは美的述語を「端的に評価的な用語（solely evaluative terms）」「評価付加的な用語（evaluation added term）」「記述的な価値用語（descriptive merit-term）」の三つに分けている。端的に評価的な用語は、前述の「良い」「悪い」といったもので、評価のみに基づいて適用される用語である。これに対し、評価付加的な用語は、評価的要素だけでなく記述的要素を含んだ語である。「優美な」「けばけばしい」といったものだ。最後の記述的な価値用語は、価値性質を指し示す記述的要素のみをもつ用語のことである。シブリーはその例として、「かみそりの鋭さ」を挙げている。本書で客観性を擁護したい美的判断は、二番目の、評価付加的な用語が使われる判断である。また、シブリーの見解の概説については、源河（2017a: chap. 6）を参照。

9　批評家同士の争いには、対象についての判断だけでなく、判断の表し方に関する側面もあるだろう。つまり、どちらがより面白い表現を使えているかを争っているということだ。しかし、対象への美的性質の帰属の正しさに関する側面がまったくないと言い切れるだろうか。

10　ここで色の反実在論を紹介したのは、私が色の反実在論が正しいと思っているからではない。私はどちらかといえば色に関しては実在論に共感しているし、過去の著作では色の実在論を擁護している（源河 2013）。とはいえ、色の実在性をめぐる議論では新たな論点が増えており、実在論を擁護するにはそれにきちんと応答する必要があるだろう。

11　本書ではSibley（1968）にならい、美的判断（美的用語の適用）に間主観的な正誤を問えると主張する立場を「客観主義」と呼ぶ。

12 論理的には、実在論と主観主義の組み合わせも可能である。その場合、人間が下す美的判断はすべて主観的な感想だが、そうした判断とは独立に、人間ではアクセスできない美的性質が実在するということになる。だが、美的判断という人間が下す判断の客観主義を擁護するために、人間には知られない性質を持ち出すことはできないので、この可能性は無視する。

第3章　「美しい音楽」の客観性

前章で述べた通り、美的判断をめぐる実践には、客観主義を支持する側面と主観主義を支持する側面の両方がある。有能な批評家の判断を信頼し、素人の意見をあてにしないことは、美的判断には正しいものと誤ったものがあるという客観主義の考えを前提としている。だが一方で、美的判断には答えの出なさそうな意見の食い違いも多い。そこに焦点を合わせると、美的判断は主観的な感想の表明にすぎず、正しさを問えるものではないと考えたくなってくるのだ。

こうした状況のなか客観主義を擁護するには、美的判断は正誤が問えると主張するだけでなく、なぜ美的判断に食い違いが多いのかも説明する必要があるだろう。というのも、判断の食い違いを客観主義の枠組みで説明できれば、主観主義の根拠を崩すことができるからだ。美的判断に相違があること自体は、主観主義を支持する十分な理由とならないと言うことができるようになるのである。

本章では、客観主義をめぐる現代の論争を概説する。本章の目的はあくまでも概説であり、ここで客観主義と主観主義の論争に決着がつくわけではない。客観主義を擁護する本書独自の方針は、次章以降で述べることにしたい。

1　正しい美的経験の条件

ゼマッハ

美的判断の客観主義をとるエディ・ゼマッハは、同時に美的性質の実在論も支持し、そのうえで主観主義に対して次のような批判を行なっている（Zemach 1991）。それは、かりに主観主義の言うように美的判断がすべて主観的な感想であり、正しくも誤ってもいないものであるなら、われわれは美的用語の使用法を他者から学ぶことができないはずだ、というものである。

ゼマッハ自身の例ではないが、次の場合を考えてみよう。ヴァン・ヘイレンの《ジャンプ》を聴いて、「派手でクドくて滑稽だ」と言う人と、「ダイナミックでパワフルでかっこいい」と言う人が言い争いをしている。主観主義が言うように、どちらの判断も間違いではないというなら、両者は異なる物事に言及していることになる。前者はその人にのみ聴こえたクドさについて述べており、後者はその人にのみ聴こえたダイナミックさについて語っている。両者は「自分に聴こえた性質」について語っており、自分にそう思われたという印象に基づいて「ダイナミック」や「クドい」という語を使っているのだ。主観主義によると、美的判断はすべてこうしたものとなる。しかしそうすると、人はどのようにして「クドい」や「ダイナミック」といった美的述語の使い方を学ぶことができるのだろうか。もし美的述語が指しているものが他人とは共有できない（センスデータの）ような「自分にのみ感じられる印象」であるなら、美的述語の使い方を他者から学ぶことはできないだろう。だが、われわれはある程度、美的述語の使用法を共有しているからこそ、ある曲にどの美的述語を適用するべきかについて言い争いが起きているのではないか。美的判断に関して論争があること自体が、美的述語には一定の客観的な使い方があることを示している。そのため主観主義は誤っており、美的述語の客観的な使用法を決定する美的性質があるに違いないというのである。

主観主義をこのように批判するだけでなく、ゼマッハは、現実に美的判断に相違が多いことを客観主義の枠内で説明するために、「標準的観察条件（standard observation condition）」という考えを導入する。それをごく簡単にいうと、適切な美的判断を下すためには適切な観察条件を満たさなければならない、ということである。

適切な判断を下すために満たすべき条件があることは、美的判断に限った話ではない。たとえば、対象の色を適切に判断するためには、適切な照明がある、視覚に異常がない、対象にきちんと注意を向けている、といった条件が満たされていなければならない。こうした条件が満たされない場合、知覚や判断は誤ったものになる。たとえば、部屋の照明が赤いと緑色のものが黒く見えてしまい、「これは黒い」と判断してしまう。同様に、スピーカーの前に障害物があったら、音楽がこもって聴こえ、音色について誤った判断を下してしまう。こうした判断が誤っているのは、対象を経験するための条件がふさわしくないからだ。

美的判断に関しては満たすべきさらなる条件がある。たとえば、偏見をもっていない、適切な知識がある、適切な感受性を獲得している、といったものだ（ここで「知識」や「感受性」という用語が登場したが、それはこれから先の議論で重要になるので、そこで改めて説明しよう）。美的判断のための条件は、単なる知覚的判断のための条件よりも満たすのが難しく、そのため現実には間違いが多い。たとえば、ふさわしい照明条件を満たすためには照明のスイッチや目盛りを調節すればよく、音色をきちんと聴くためにはスピーカーと聴き手のあいだにある障害物をどければいいが、偏見を取り去るのはそんなに簡単ではない。だが、条件の満たしやすさに違いがあっても、条件を満たしたときに経験される性質が実在する点は、色でも音色でも美的性質でも同じである。その条件を満たし美的性質を正しく知覚できれば正しい美的判断を下せるというのだ。

こうした条件を使って美的判断の相違が説明される。美的判断の相違は、一致しない判断を下した主体のうちの少なくとも片方が必要な条件を満たしておらず、誤った判断を下しているために生じる、ということになるのだ（もちろん、両方誤っているので意見が一致しないこともある）。ゼマッハはこのようにして、客観主義を擁護しつつ美的判断の相違が多いことを説明しているのである。

ウォルトン

先ほど、適切な美的判断をもつための条件の一つとして知識を挙げていた。知覚と知識の関わりは、ケンダル・ウォルトンの論文「芸術のカテゴリー」によって注目を集めるようになった（Walton 1970）。次にこの点を概説しよう。

芸術作品を鑑賞するためにはそれを知覚しなければならず、そして、その作品がもつ美的性質は知覚を通して知られるものであると考えられる。そうであるなら、作品がもつ美的性質にとって重要なのは、それがもつ知覚的特徴だけだと考えられるかもしれない。そのため、その作品がいつ・どのような人に・どのような意図で・どのような手法で作成されたかという歴史的事実そのものは、知覚できるものではないので、美的性質には無関係だと思われるかもしれない。しかし他方で、批評家が作品の歴史的事実について語ることは、彼らの美的判断に何らかの正当化を与えているようにもみえる。歴史についての知識も美的性質に何か関わるのではないだろうか。

こうした対立があるなか、ウォルトンは、知覚も知識もどちらも重要であるという議論を行なっている。[1] ここでは、有名な「ゲルニカ式（guernicas）」の思考実験に焦点を合わせて、ウォルトンの議論を再構成しよう。

まずウォルトンは、知覚される美的性質は複数の非美的性質に依存するという前章でみた見解を取り上げる（Sibley 1959, 1965）。優美さという美的性質は、色や形といった、それ自体は美的でない複数の性質が特定の仕方で組み合わさることによって実現される、全体の関係（ゲシュタルト）だということだ。

ウォルトンの議論の最初のポイントは、美的性質が依存するとされる非美的性質に「知覚的カテゴリー」を加えるというものである。そうしたカテゴリーの例としては、絵画、キュビズム絵画、ゴシック建築、古典的ソナタ、セザンヌスタイル、後期ベートーヴェンスタイルなどが挙げられている。これらが「知覚的」と呼ばれるのは、たとえば、古典的ソナタらしく聴こえる作品が十八世紀に作曲されている必要はないし、ベートーヴェン以外の人が作曲した曲にも後期ベートーヴェンっぽく聴こえるものがあるからだ。知覚的カテゴリーは作品を知覚したときに分類されるものであって、それ自体は知覚できない作品の歴史的事実によって分類されるカテゴリーとは異なるものである（ただし、後述するように、どの知覚的カテゴライズが適切なのかを問ううえで歴史的事実は重要になる)。

　こうした知覚的カテゴリーは、作品がもつ部分の知覚に影響を与える。作品がもつある部分に変化がなくとも、それを知覚するカテゴリーが変われば、その部分が標準的なものとして知覚されるか、それとも、反標準的なものとして知覚されるか、または可変的なものとして知覚されるかが変わってくるのである。ある知覚的カテゴリーにとっての標準的特徴とは、それがあることで、問題となっているカテゴリーに属する度合いが上がるものだ。たとえば、表面が平坦であることは絵画カテゴリーの標準的特徴である。表面が平坦な絵画は、いかにも絵画らしい絵画だろう。反標準的特徴はその逆で、問題となっているカテゴリーに属する度合いを下げるものである。たとえば、表面が立体的になっている絵画は、平坦なものよりは絵画らしくないだろう。そして可変的特徴は、カテゴリーに属する度合いに影響しないものである。たとえば、絵画の場合の色がそうだ。赤が使われているからより絵画らしい、黒が使われているので絵画っぽさが減っている、ということはないだろう。

　こうした道具立てを導入した後、「ゲルニカ式」の思考実験が展開される。それは次のようなものだ。ある仮想の社会では、絵画という種類の芸術は確立されていないが、ゲルニカ式と呼ばれる種類の芸術が存在している。そうしたゲルニカ式の作品は、すべてピカソの《ゲルニカ》と同じ色や構図をもっているが、それぞれの表面の形が異なり、あるものは表面がうねっていたり、別のものは表面がぎざぎざになっていたりする。こうした社会においてピカソの《ゲルニカ》は、絵画ではなくゲルニカ式の作品として知覚されるだろう。

　現実の社会で絵画として知覚される《ゲルニカ》は、暴力的でダイナミックで生き生きとしているように見えるだろう。だが、仮想の社会でゲルニカ式として知覚された《ゲルニカ》は、冷たく荒涼としていて精彩を欠くように見えると考えられる。こうした違いが生じるのは、カテゴライズが変わるのに応じて、作品がもつある部分が標準的特徴として知覚されるか可変的特徴として知覚されるかが変化するからである。《ゲルニカ》がもつ表面の平坦さは、絵画にカテゴライズされたときには標準的特徴として知覚され、とくに注意を払われない。むしろ《ゲルニカ》が暴力的でダイナミックに見えるうえで重要なのは、絵画カテゴリーにとって可変的な色や構図である。他方で、ゲルニカ式カテゴリーにおいて《ゲルニカ》がもつ色や構図は標準的であり、とくに注意を払われない。目立った可変的特徴とみなされるのは表面の平坦さであり、それが、冷たさや荒涼さの知覚に寄与するのだ。

ウォルトンはこうした知覚的カテゴライズを、前章でみたアヒル／ウサギ図形と類比的に説明している。その図の出っ張っている部分は、アヒルに見えるときにはくちばしに見えるが、ウサギに見えるときには耳に見えるというように、全体がどのようなものとして知覚されるかに応じて部分がどのようなものとして知覚されるかが変化する。それと同様に、絵画として知覚されているときの《ゲルニカ》がもつ色は可変的特徴として知覚され、ダイナミックさを帰属させる知覚に重要な仕方で寄与するが、ゲルニカ式にカテゴライズされたときの色は標準的特徴として知覚され、荒涼さを帰属させる知覚に寄与しない。むしろ、表面の平坦さが可変的特徴として知覚され、それが荒涼さという美的性質の帰属に寄与するというのだ。[2]

このように、知覚によって対象に帰属される美的性質は、色や形といった非美的性質だけでなく、知覚的カテゴライズに依拠した、標準的・反標準的・可変的という特徴にも依存していると考えられるのである。[3]

先ほど、絵画にカテゴライズされた《ゲルニカ》はダイナミックさをもつように知覚されるが、ゲルニカ式にカテゴライズされると荒涼さをもつように知覚されると述べていた。ここで次の疑問が生じる。正しいカテゴライズはどちらなのだろうか。

ウォルトンは、正しいカテゴライズの基準として以下のものを挙げている。

(1) 標準的とみなされる特徴をなるべく多くし、反標準的とみなされる特徴をなるべく少なくするカテゴライズ。
(2) 作品をより興味深くし、鑑賞によって得られる美的な快をより増やすようなカテゴライズ。
(3) 制作者が意図したカテゴリーへのカテゴライズ。
(4) 作品が制作された社会で認められているカテゴリーへのカテゴライズ。[4]

ゲルニカ式の思考実験を考えるうえで重要なのは(3)と(4)だ。現実の社会ではゲルニカ式というカテゴリーは認められていないし、ピカソはゲルニカ式ではなく絵画を意図して《ゲルニカ》を制作しただろう。こうした点から、《ゲルニカ》を絵画にカテゴライズしダイナミックさを帰属させる知覚、そして、それに基づく美的判断が正しく、ゲルニカ式にカテゴライズし荒涼さを帰属させる知覚・判断は誤っていると考えられるのである。

(3)や(4)は作品に関わる歴史的要因であり、作品を鑑賞しているときに知覚できるようなものではない。だがウォルトンの議論が正しいなら、それらは、カテゴライズの正しさを決定することを通して、作品がどのような美的性質をもつかに寄与している。このようにして、美的判断は知覚のみに依存するという考えと、作品がもつ歴史的事実も重要であるという考えが調停されるのである。

以上の議論を踏まえると、美的判断の相違の一部に知識が関わると言えるようになる。ある対象がどういった美的性質をもっているかは、部分的に、それ自体は知覚できない歴史的事実に依存している。そうであるなら、関連する歴史的事実を知らない人は、対象がもつ美的性質を適切に捉えられず、誤った判断を下してしまうということになるだろう。

ウォルトンの議論では《ゲルニカ》という絵画の例が使われていたが、ここで、その議論を音楽に適用するとどうなるかを説明しておこう。たとえば、ローリング・ストーンズの《ウォーキング・ザ・ドッグ》を聴いているとしよう。この曲のオリジナルはソウルシンガーのルーファス・トーマスが歌ったものである。ソウルに詳しいがストーンズを聴かない人は、ひょっとすると、ストーンズの《ウォーキング・ザ・ドッグ》をソウルカテゴリーで聴いてしまうかもしれない。そして、オリジナルの方がよりソウルフルで良かったと思ってしまう可能性がある。だが、ストーンズの《ウォーキング・ザ・ドッグ》はソウルカテゴリーで知覚されるべきものではない。なぜなら、ストーンズは（源流にはソウルやブルースもあるが）ロックンロールの成立に寄与した重要なバンドだからだ。そのため、先ほど挙げた歴史的要因からすると、ストーンズの《ウォーキング・ザ・ドッグ》は、ソウルではなくロックンロールカテゴリーで聴かれるべきものなのである。そして、ロックンロールというカテゴリーのなかでもつ美的性質を帰属させられるべき曲なのだ。

2　なぜ評価が重要なのか

ゴールドマン

これまで説明してきたゼマッハとウォルトンの議論では、対象の美的性質を捉えるための条件が重視されていた。だが、アラン・ゴールドマンは（ウォルトンはさておき）ゼマッハに対して批判を行なっている。ゼマッハの見解は、美的経験の評価的側面の扱いが不十分だと言うのである（Goldman 1993）。

前章でも少し触れたが、美的性質の経験には評価が関わっている。たとえば、優美さの経験にはポジティヴな評価（賞賛）が伴い、グロテスクさの経験にはネガティヴな評価（非難）が伴っているだろう。だが、ゼマッハの標準的観察条件は、形などの非美的性質との類推にしかなっておらず、美的判断に特有の評価的要素をすくえていない。とくに、評価を下すために必要な感受性の洗練が十分扱われていないのである（ゴールドマンは「趣味」という用語を用いているが、他の論者に合わせて「感受性」に統一する）。

おそらく、ゼマッハが言う標準的観察条件には「十全な知覚能力」と並んで「洗練された感受性」も含まれているだろう。だが、ゴールドマンからすると、ゼマッハは非美的性質の経験と美的性質の経験を同列に扱っており、二つの違いが十分に強調されていない。美的性質や美的経験は何より評価に関わるものだという点が説明されていないのだ。そして、評価を強調するゴールドマンは、美的性質は特定の感受性をもった鑑賞者に評価を引き起こす性質であると主張している。

さらにゴールドマンは、評価をもたらす感受性は複数あり、異なる感受性をもつ鑑賞者のあいだで美的判断が食い違うことがありうると述べている。この点を説明するために、ここではゴールドマン自身の例ではなく、音楽学者の岡田暁生が『音楽の聴き方』のなかで挙げた例を取り上げたい（ただし、岡田の議論の念頭にあるのはゴールドマンではなくバイヤールである。岡田 2009: 14–16）。

岡田は、自身の講義を受けにきた人に二つのバージョンの《モンクス・ポイント》を聴き比べてもらっているという。この曲は、ジャズ・ピアニストで最も影響力があると言っても過言ではないセロニアス・モンクが作曲したものだ。まず岡田は、クラシックのピアニストであるジョアンナ・マクレガーがそれを弾いたものを聴かせる（『American Piano Classics』収録）。その演奏の「タッチは清潔で粒が揃っており」、何の悪いところもない（同書：15）。これに対し、モンクが演奏した《モンクス・ポイント》（『Solo Monk』収録）は、ジャズ愛好家なら知っての通り、ぎこちなくたどたどしい。指がもつれている感じもあるし、リズムがひきつっている。だが、それが強烈なインパクトを生み出しているのである。もちろん、ジャズ好きはその演奏をかなり高く評価している。しかし、岡田によると、クラシック・ピアノの先生方の前でこの聴き比べをやると、モンクの演奏の方が低く評価されるそうだ。

このように、ジャズ愛好家とクラシック愛好家では、モンクが演奏した《モンクス・ポイント》の評価が異なる。なぜなのか。ゴールドマンに即して言えば、その理由は、ジャズ愛好家は「ジャズ愛好家」という感受性グループの基準でモンクの演奏を評価しており、クラシック愛好家は「クラシック愛好家」グループの基準で評価しているからだ。ジャズ愛好家とクラシック愛好家は、異なる感受性をもっており、異なる基準で曲を評価しているのである。そしてゴールドマンは、こうした相違は、次に説明する「理想的鑑賞者（ideal critics）」のあいだでも起こるかもしれないと述べている。

理想的鑑賞者とは、美的性質を正しく経験するための条件をすべて満たしている（もちろん、感受性も十分に洗練されている）と想定される主体のことである。ゼマッハの見解を紹介したところで述べた通り、美的性質を正しく経験するための条件は非美的性質を経験するための条件よりも満たすのが難しいため、ひょっとすると、現実に存在する誰一人として条件のすべてを完全に満たせていないかもしれない（現実には、ある程度の条件を満たした人が適格な批評家とみなされ、信頼を置かれているのだろう）。たとえそうだとしても、条件をすべて満たした主体という存在を想定することは可能である。そうした主体が想定できるなら、その主体が下す判断は、最も信頼できる、正しいものだと考えることができるだろう。たとえ現実にそうした人はいなくとも、理想的鑑賞者という概念、つまり条件をすべて満たした状況が理解可能であるなら、美的判断についての客観主義が正しいという可能性も理解可能なものになると言えるのだ。

ゴールドマンによると、理想的鑑賞者がもつ十分に洗練された感受性というものも、複数あるかもしれない。たとえば、ジャズ好きにとっての理想的鑑賞条件と、クラシック好きにとっての理想的鑑賞条件は違う可能性があるということだ。そして、理想的鑑賞者は正しい美的経験のための条件をすべて満たした者と想定される主体であるので、理想的鑑賞者のあいだの美的判断の相違は「解消不可能（irresolvable）」ということになる。つまり、どちらか一方だけが正しいと言えないのだ。

そうすると、対象が実際にもつ美的性質がどちらの美的判断によって帰属させられているものなのかも決まらないということになるだろう。そこから、食い違う二つの美的判断によって帰属させられているどちらの美的性質も、対象そのものの性質ではないということになる。むしろ美的性質は、鑑賞者の感受性に依存して経験の側に生じる（そして、対象へと「投影」される）性質であり、実在するものではないと考えられるだろう。

だがゴールドマンは、たとえ解消不可能な相違を認めても、客観主義を維持できると述べている。というのも、美的判断は感受性グループに相対的な正しさを問えると主張する余地があるからだ。たとえば、ジャズ好きというグループに属する人の美的判断は、ジャズ好きの理想的鑑賞者の美的判断と一致するかどうかで正誤が決まる。他方で、クラシック愛好家グループに属する人の美的判断は、ジャズ好きとは別の、クラシック好きの理想的鑑賞者の判断と比べて正誤が判定される。それぞれのグループで理想となる感受性および理想的鑑賞者が異なるため、グループをまたいでどちらの美的判断が正しいかは解消不可能だ。だが、それぞれのグループ内では客観的（前章の言葉を使えば、間主観的）に正しいとされる美的判断と誤っているとされる美的判断が区別できるのである。[5]

とはいえ、この議論について注意すべき点がある。それは、実のところ解消不可能な美的判断の食い違いが本当にありうるのかについても、議論の余地があるということだ。すでに述べた通り、理想的鑑賞者は、客観主義を維持するために導入された概念的な道具である。そうすると、理想的鑑賞者が理想的なものとして導入されるかぎり、解消不可能な相違の可能性は排除されるべきかもしれない。[6]

とはいえ、ゴールドマンの方針は客観主義を守るための重要なポイントを指摘しているとは言える。それは、客観主義を否定するためには、実在論を否定するだけでなく、実在論を放棄した（相対化された／間主観性を念頭に置いた）客観主義も否定する必要がある、ということである。それを否定しない限り、主観主義が正しいとは言えないのだ。

レヴィンソン

次に、ジェロルド・レヴィンソンの議論を紹介しよう。レヴィンソンはゼマッハと同じく美的性質の実在論をとるが、反実在論を支持するゴールドマンと同様に、美的経験の評価的側面を重視した議論を行なっている（Levinson 1994, 2001）。

レヴィンソンもゼマッハと同じく美的述語の使用法を強調する。その点を説明するためにレヴィンソンは、バッハの《三台のチェンバロのための協奏曲第一番》（BWV1063）を聴く場面を挙げている。ある人はその曲を「まったくもって荘厳な曲だ」と判断したとしよう。他方で、荘厳な音楽を好まない別の人は、同じ曲を聴いて「気が滅入るほど堅苦しい」と判断した。つまり、美的判断が食い違っている。だが、こうした相違があったとしても、「堅苦しい」と判断した人は、もう一人がその曲に対して「快活だ」ではなく「荘厳だ」という述語を適用したことは理解できるだろう。自分はその曲を「荘厳だ」とは言わなかったが、その手の曲が好きな人ならきっとそれを「荘厳だ」と判断するだろうとわかるのだ。その曲はそういう聴こえ方をしているのである。

ここからレヴィンソンは次のように主張する。たとえ美的述語の適用が厳密に一致していなくとも、適用を一定の範囲に制限するような対象の〈美的な知覚印象〉が存在する。美的判断は主体が好き勝手に下せるものではなく、ある程度は対象の美的な知覚的現れによって決まるというのである。

さらにレヴィンソンは、ゴールドマンが強調した評価を踏まえつつ美的判断の相違を説明するために、美的経験を記述的側面と評価的側面に分けるという方針をとっている。記述的側面は対象がもつ美的性質が反映された美的な知覚印象であり、美的性質が正しく捉えられていれば正しく、捉え損ねると誤っているということになる。そして評価的側面は、記述的側面に対する個人的な評価である（こちらは正誤を問えないかもしれない）。この区別を用いると、二人の美的経験の記述的側面は同じでも、評価的側面が異なれば全体としての美的経験が異なると言える余地が出てくる。

先ほどの例で言えば、《三台のチェンバロのための協奏曲第一番》について美的判断が食い違った二人も、同じ美的な知覚印象を受け取っているということだ。そのため美的経験の記述的内容は一致している。しかし、個人的な評価が異なるため、「荘厳だ」と「堅苦しい」というように美的判断が食い違ってしまう。だが、二人とも正しい美的知覚印象をもっているため、「堅苦しい」と言った人も、もう一人が「荘厳だ」と言う理由もわかるのである。

この説明のなかで、誤った美的判断が生じる余地は、美的な知覚印象、つまり、美的経験の記述的側面にある。対象がもたない美的性質を知覚した人は、不適切な美的知覚印象をもっている。その人の経験は、「荘厳だ」にも「堅苦しい」にも同意する可能性を与えてくれない誤ったものとなっているだろう。

記述的側面を構成する美的な知覚印象が存在することを示すために、レヴィンソンは次のような議論を行なっている。そもそも判断の相違は同じものについての判断のあいだで生じるものでなければならない。異なる対象に向けられた二つの判断が食い違っているのは当然であり、それは判断の相違ではないだろう。すると、美的判断の相違が起こるためには、食い違った判断が向けられる共通の基盤が必要とされることになる。そして、そうした共通の基盤が美的性質を捉える知覚印象だというのである。

その美的な知覚印象は評価から中立的であると述べるため、レヴィンソンは次のような議論を与えている。ある人はある作品を、けばけばしい「から」けなす一方で、別の人は、けばけばしい「から」賞賛する場合がある。そうすると、〈けばけばしさ〉という美的な知覚印象、つまり、知覚されている美的性質は、賞賛や非難といった評価とは独立だと考えられる、ということだ。

レヴィンソンはこのようにして、美的判断に解消不可能な相違がある可能性を認めつつも、その記述的側面は正誤が問えると主張し、客観主義を擁護しているのである。

ベンダー

ここまで美的判断の客観主義を擁護する方針を説明していた。ゼマッハは美的経験の条件を挙げ、ウォルトンはその条件のなかで知識の重要性を強調していた。とはいえ、ゴールドマンの視点からすれば、二人の話では美的経験の知覚的側面が重視されすぎており、評価的側面が十分拾えていない。これに対し、レヴィンソンは、評価と知覚の両方を重視する見解を提示している。

この流れをみると、レヴィンソンの立場が最も洗練されたものだと言えるだろう。しかし、哲学の議論には反論がつきもので、レヴィンソンに対しては、ジョン・ベンダーから批判が向けられている(Bender 1996)。その批判を簡潔に述べると「レヴィンソンが言う知覚印象は本当に美的なものか」というものだ。

確かにレヴィンソンが言う通り、判断の相違が生じるためには共通の基盤が必要とされる。だが、その基盤としてレヴィンソンが挙げていた知覚印象が美的なものとは限らない。というのも、色や形といった非美的性質の知覚印象でも、食い違う判断の共通の基盤になりうるからだ。

非美的性質は、知覚能力が十分であるかぎり正誤を問える仕方で記述的に経験され、共通の基盤となるだろう。だが、美的経験は非美的経験に対する主観的感想であり、それ自体は正誤を問えないものかもしれない。そうすると、正誤が問える客観性をもつと言われているのは、美的判断ではなく単なる知覚的判断にすぎないかもしれない。こうした点からベンダーは、レヴィンソンは美的な知覚印象が存在することを示せておらず、客観主義を擁護できていないと述べている。

ベンダーの批判に対する応答として、レヴィンソンは、その批判は不当な検証主義だと述べている(Levinson 2001)。確かに、問題となっている知覚印象が美的なものかどうか疑う余地があるかもしれない。だが、知覚印象が非美的なものではないかと疑う余地があることから、その印象は非美的なものであると考えるのは、結論を急ぎ過ぎている。美的かどうか疑いの余地のある知覚印象は、美的なものかもしれないし、美的ではないものかもしれない。どちらの可能性もある。もしレヴィンソンの見解を批判するなら、問題となる知覚印象は美的ではないときちんと示す必要があるだろう。それを示さず批判するのは、不当な議論だということだ。

しかし、ベンダーはレヴィンソンの応答にまったく納得していない。むしろベンダーは、客観主義を擁護する側の方が、問題となっている知覚印象が美的なものであることを示さなければならないと考えているようである（Bender 2001）。

本書はレヴィンソンと同じく客観主義を擁護したいのだが、正直なところ、レヴィンソンとベンダーの論争は、知覚印象が美的なものであるかそうでないかをどちらが証明すべきなのかという立証責任の押し付け合い、直観のぶつけ合いになっているようにもみえる。そして、これ以上は議論が進展しないような様相を呈しているようにも思われる。

議論を先に進ませるため、一見すると本書の目的に反するが、ここであえてレヴィンソンの客観主義への疑問を述べてみたい。取り上げるのは、評価と行為の関係である。

評価と行為

一般的に言って、評価、つまり価値性質に対する反応には、一定の行為を促すという側面がある。絵画を見て素晴らしいと思ったら、それを見続けるという行為が促されるだろう。また、その絵画を捨てようとしている人がいたら、それを止めたくなるはずだ。逆に、その絵はどうしようもないと思ったら、見るのを止める。美的性質が評価を促す性質であるからには、美的性質は一定の行為を促す力をもっていると考えなければならない。

だが、行為が促されるという側面は、知覚にあるのだろうか。特定の知覚経験をもつことで特定の行為が促されることはあるのだろうか。

たとえば、チャイムの音がしたので玄関に向かう場合を考えてみよう。この例では、音の知覚が玄関に向かうという行為を促したと考えられるかもしれない。しかし、次のように考えるのがより自然だ。その音の知覚は、これは誰かがチャイムを押した時に鳴るものだという記憶を呼び覚まし、その記憶と知覚を合わせて、誰か来ているのだなという判断を下し、その判断が玄関に向かうという行為を促した。この場合、行為を促したのは知覚そのものではなく、記憶や判断である。

むしろ、知覚は行為を促すものではなく、もっぱら情報取得の働きだと考えられるかもしれない。知覚は、自分の周りにどのようなものが存在しているか、どのようなことが起こったかを知るための手段である。だが、手に入れた情報が自分にとって良いものか悪いものか判定する評価は、知覚より後に生じる心の働きだと考えられるかもしれない。[7]

確かに、ある曲を聴いたときに「このギターの音色が良い」と言ったりすることもあり、そうした場合には、知覚に評価的要素があるようにもみえる。だが、そうした事例は単なる知覚経験ではなく、すでに知覚以外の要素が加わった経験だとも考えられるかもしれない。知覚された音色に対して知覚以外の心的状態で「良い」という評価を与えているとも考えられるのである。

知覚経験そのものには行為を促す側面がないとすると、美的性質は知覚によって捉えられてはいないように思えてくる。そうすると、ベンダーが言うように、レヴィンソンが言う知覚的印象というのは非美的性質の知覚的印象にすぎず、行為を促す評価的側面は、知覚とは別の過程として生じているのではないかと考えられるだろう。

まとめよう。まず、客観主義を擁護するために知覚を強調する方針は理にかなっているように思われる。というのも、知覚は対象のあり方と比べて正誤を問えるものであるため、知覚に基づいた判断も正誤が問えると言えるからだ。美的な事例でも同様に、美的性質を正しく知覚すれば正しい美的判断が下せ、知覚し損なうと判断も誤る、と考えることができるだろう。だが、これだけでは美的経験の評価的側面が十分扱われていない。しかし、美的経験の評価を強調するとしても、レヴィンソンのように評価を知覚と明確に分けてしまうと、判断が基づく知覚的印象が美的なものなのかどうか不明瞭になってしまう（そもそも、レヴィンソンが言うように両者が分けられるのかどうかについても疑念がある［De Clercq 2008］）。

そうすると、客観主義を擁護するためには、評価的要素と知覚的要素を緊密に結びつけた美的経験のモデルが必要となると考えられるだろう。次章以降では、この点を踏まえたモデルの構築を目指す。とくに次章では、美的経験に含まれる評価が何であるかを考察しよう。本書では、それは情動だと主張する。

注

1 こうしたウォルトンの主張はひろく受け入れられており、現在でもそれに基づくさまざまな議論が提出されている。たとえばカールソンは、ウォルトンの議論を自然美に応用した議論を展開している（Carlson 1981）。また、美的性質のフォーマリズムと反フォーマリズムの論争に関してウォルトンの議論が引用されることは非常に多い（Laetz 2010; Zangwill 2000）。

2 ウォルトンも指摘している通り、ある作品を複数のカテゴリーに分類することもあるだろう。たとえば、あるものがウサギに見えることと動物に見えることが両立するように、《ゲルニカ》は絵画にもキュビズム絵画にも分類されうる。他方で、アヒルに見えるものが同時にウサギに見えることはないように、両立しないカテゴライズもあると考えられる。

3　知覚的カテゴライズを促す要因としてウォルトンは、(a)当該の作品のほかにどのような作品に慣れ親しんでいるか、(b)他人がその作品をどのように経験しどのようにカテゴライズしているかについての情報、(c)その作品がどのように紹介されているか、ということを挙げている（Walton 1970: 341-342）。

4　この他に、作品を制作する手法も重要になる場合があると言われている（Walton 1970: 358）。たとえば、エッチングという手法で作られた作品は、線画カテゴリーではなくエッチングカテゴリーで鑑賞されるのがふさわしいということだ。

5　ジョン・ベンダー（Bender 1996）によると、ゴールドマンは美的付随性の基礎に非美的性質だけでなく感受性も含めるという方針をとっている。この方針では、対象に何の変化がなくとも主体の感受性が変化すれば美的性質が変化することになってしまうので、美的性質の実在論にならない。

6　実際のところ、次に紹介するレヴィンソンはそう考えている。レヴィンソンは二〇〇一年の論文で、仮に解消不可能な相違があるとしても実在論を放棄することにはならないという譲歩的な議論を行なった後、実のところ解消不可能な相違はないと考えていることを示唆している。さらに後の論文（Levinson 2005）では、美的性質には感受性に相対的なものとそうでないものがあると述べている。

7　もちろん、ここには議論の余地がある。たとえば、ギブソン心理学で言われるアフォーダンスの知覚は、行為を促すものだとされている（Gibson 1979）。

第4章　心が動く鑑賞

前章の最後で述べた通り、本書では、情動が美的経験の重要な構成要素となっているという見解を提示する。

美的経験には情動が関わるという主張は、日常的な考えとも合致しそうだ。雄大な交響曲に圧倒されたり、波や滝の音で心を落ち着かせたりするように、美的経験には何かしらの情動が伴っているだろう。また、この曲は素晴らしいと思って鑑賞し続けるときにはポジティヴな情動が、これはダメだと思って聴くのをやめるときにはネガティヴな情動を抱いていると考えられるのではないだろうか。そうした情動を抱かず曲を聴いている場合、単に曲を知覚しているだけであって、曲を鑑賞しているとは言いがたいように思われる。人が何かを美的に経験し、それを美的に判断するときには、それを知覚するだけでなく、心を動かしていなければならないと考えられるのである。

実のところ、情動を重視する美的経験の理論は目新しいものではない。その手の考えは「情動主義(emotivism/sentimentalism)」と呼ばれ、有名なところでは十八世紀のフランシス・ハチスンやデイヴィッド・ヒュームまで遡ることができる。最近では、ジェシー・プリンツが美的経験だけでなく道徳経験も含めた価値についての情動主義（なおかつ、自然化された情動主義）を展開している（Prinz 2007; 2011, 2014）。本書も、情動主義の立場にたち、音楽の美的経験を考察しよう。

本章ではまず、情動とは何かを説明し、次に、そこで説明された情動の特徴を用いて、美的経験の情動主義をとる利点を説明しよう。

1　情動とは何か

まずは情動がどういうものであるのかを特徴づけておこう。情動に関しては、哲学でも認知科学でもさまざまな見解が提示されている。それこそ研究者の数だけ説明があると言えるかもしれない。とはいえ、情動には次の三つの特徴があることに関しては、おおむね合意がとれていると思われる。それらは、身体反応の感じ（bodily feeling）、感情価（valence）、評価（appraisal/evaluation）である。

身体反応の感じ

典型的な情動には意識的な感じが伴っている。たとえば、怒りで頭に血がのぼる感じ、恐怖で身がすくむ感じ、悲しみでうなだれる感じ、喜びで飛び跳ねたくなる感じ、といったものだ。第2章では、何かが意識に現れる心的状態を「経験」と呼んでいたが、その意味では情動の感じも経験である。「頭に血がのぼる」「身がすくむ」といった表現をみてもわかるように、情動の感じは身体反応と密接に関わっている。怒りを感じるときに感じられているのは血流が速まっている様子であり、恐怖を感じるときに感じられているのは筋肉が硬直している様子である。情動を経験するときには、それに伴う身体反応が感じられているのだ。

情動の身体反応を重視する説として一番有名なのは、「悲しいから泣くのではない、泣くから悲しいのだ」という言葉で有名なジェームズ゠ランゲ説だろう。この考えは情動に関する常識とは正反対のものである。常識からすると、身体反応は情動によって引き起こされるものに思われるだろう。まず恐怖が生じ、それが身をすくませると考えられるのだ。しかし、ウィリアム・ジェームズとカール・ランゲは（それぞれ独自に）、最初に身体反応が生じ、それが意識に現れたものが情動だと主張したのである。

この主張の根拠としてジェームズは思考実験を行なっている。それは、情動経験から身体反応を取り去ると何も残らないように思われる、というものだ（James 1892, 邦訳下巻、二〇九頁）。ジェームズ自身が挙げている例とは異なるが、次の状況を考えてみよう。

自分が飼っている犬が死んで、深い悲しみを抱いたとする。そのとき、生きていた頃の犬との暮らしを思い出したり、「あの犬はもういない」という判断を下したり、涙を流したり、胸がざわざわしたり、うなだれたりしている。次に、それから十年ほど経った状況を考えてみよう。そのときも、犬との暮らしを思い出すことができるし、折に触れて「あの犬はもういない」と判断することもある。しかし、涙を流したり、胸がざわざわしたり、うなだれたりすることはない。つまり身体反応がないのだ。このとき、悲しみが生じているだろうか。むしろ、もう悲しくはないはずだ。

こうした例をみると、涙を流したりうなだれたりすることがなければ、悲しみは生じていないと考えられるのではないだろうか。犬の死に関する思考は十年後も抱くことができるが、その思考があるだけでは悲しみは生じない。むしろ、種々の身体反応がなければ悲しみが生じたとは言えないと考えられるのである。もちろん、十年後でも死んだ犬を思い出して再び悲しくなることはあるが、そのときには身体反応も再び生じているだろう。情動は一定の身体反応なしに生じるものではないと考えられるのだ。

ここでは涙という他人からもわかりやすい身体反応を挙げたが、もちろん、涙が出てこない悲しみもある。また、涙は嬉しいときにも出るので、悲しみにとって本質的な身体反応ではない。むしろ重要なのは、鼓動・呼吸・筋肉の特定のパターンなど、他人からはわからない身体内部の反応かもしれない。実際、アントニオ・ダマシオなど最近の情動研究では、脳のホルモンレベルの変化などを含んだ広範囲の身体反応が挙げられている（Damasio 1994: chap. 7）。とはいえ、ともかく重要なのは、情動が感じられているときに感じられているのは身体状態だということだ。[1]

感情価

次に感情価を説明しよう。情動にはポジティヴなもの（正の情動）とネガティヴなもの（負の情動）がある。たとえば、喜び、楽しさ、嬉しさ、誇り、といったものはポジティヴな情動であり、怒り、悲しみ、恐怖、嫌悪といったものがネガティヴな情動だ。こうしたポジティヴ／ネガティヴという特徴が感情価である。[2]

ポジティヴとネガティヴの違いは、それぞれが促す行動の違いから特徴づけることができる（Prinz

2004: chap. 7)。たとえば、美味しい料理を食べて喜びを感じたとしよう。その喜びがもつポジティヴさは、喜びを持続・増大させる行動を促す。その行動は、その料理を食べ続けるというものだろう。喜びを増やすには、喜びの原因との接触を増やせばいいのだ。このように、ポジティヴな情動は、それを引き起こした原因との関わりを持続・増大させる行動を促すのである。

　他方で、人から文句を言われて怒りを感じたとしよう。その怒りがもつネガティヴさは、怒りを減少・回避させる行動を促す。その行動は、文句を言ってきた人から離れたり、その人を殴ったりするというものだろう。怒りを減少させるには、その原因との関わりを減らせばいい。文句を言ってきた人から物理的に距離をとるという方法もあるし、二度と文句が言えないように殴るという手段もある。同様に、山道を歩いていて蛇に遭遇したときに感じる恐怖は、恐怖を減らす行動を促す。その行動は、蛇から離れるか、蛇をやっつけるというものだろう。このようにネガティヴな情動は、それを引き起こした原因との関わりを減らす行動を促すのだ。

　ここで、「行動を促す」という言葉を使ったことに注意しよう。感情価は行動を必ず生じさせるものではない。美味しいものを食べたときの喜びはその料理を食べ続ける行動を促すが、これ以上食べるのは健康上よくないと思って食べないこともある。また、文句を言われたときの怒りは言ってきた人を殴る行動を促すが、「本当に殴ったら警察沙汰になる」といった考えがあれば踏みとどまるだろう。このように、感情価によって促された行動が実現されるとは限らない。それでも、食べ続けたり殴ったりするという行動をとりたくなること、邪魔する要因がなければその行動をとっていただろうという点は認められるだろう。[3]

ここまで、情動の特徴として身体反応の感じと感情価を挙げてきた。しかし実のところ二つの組み合わせは情動以外にもみられるものである。

たとえば、だるさの経験を考えてみよう。だるさにも身体的なものと精神的なものがあるが、ここで取り上げるのは前者だ。たとえば、マラソンをしたい気持ちはある（精神的なだるさはない）のだが、昨日のマラソンで溜まった疲労で体が重いとする。こうした身体的なだるさの経験は疲労が溜まった身体状態の感じだろう。さらに、身体的なだるさは行動の抑制を促すネガティヴさをもっている。マラソンしないように仕向けられているのだ。

このように身体的なだるさも、身体状態の感じを伴っており、また、行動に一定の影響を与える。だが、身体的なだるさの経験は情動ではない。少なくとも、身体的なだるさが、怒り・悲しみ・喜びといった典型的な情動とまったく同じ種類のものであるとは言いがたいだろう。

そうすると、情動には身体の感じと感情価の他に何らかの要素があると考えられる。それが次に説明する評価だ。

評価

実のところ、情動がもつ評価的側面については第1章第1節で少し触れていた。上座下座といった席順を間違えたりアイスを盗み食いされたりしたときの怒りは、侵害に対する反応だという話だ。ここで、別の情動、悲しみを例にして、もう一度説明しておこう。

悲しみはさまざまな場面で生じる。恋人と別れた、飼っていた犬が死んだ、財布をなくした、友人に裏切られた……人は多種多様な原因で悲しみを抱く。とはいえ、そこには共通要素がある。悲しみの原因はどれも〈自分にとって重大な喪失〉なのである。恋人もペットも財布も、自分にとって重要なものであり、それを失うことで悲しみが生じる。悲しみは大事なものの喪失に対する反応、重大な喪失を捉える心の状態なのだ。

このように、情動は、主体が置かれた状況がもつ価値を捉える反応である。別の言い方をすれば、情動は、主体を取り巻く状況の評価なのだ。クマやヘビと遭遇して感じる恐怖は〈自分の身に迫った危険〉を捉えており、他人から侮辱されたときの怒りは〈自分に対する侵害〉を、喜びは〈自分にとって好ましいこと〉を捉えているのである（Lazarus 1999: chap. 4, 邦訳一一四頁）。

ここで、「情動の対象」には二つの意味があることに注意しよう（Kenny 1963: 131-135）。ペットの死や恋人との別れといった、情動を引き起こした個々の原因は「個別的対象（particular object）」と呼ばれる。これに対し、個別的対象が共通にもつ特徴、悲しみの場合だと〈喪失〉は、「形式的対象（formal object）」と呼ばれる。そして、形式的対象は、どの情動が生じているかを決定しているものである。怒りも悲しみもネガティヴな情動だが、怒りが怒りであるのは侵害を形式的対象にしているからであり、悲しみが悲しみであるのは喪失を形式的対象としているからなのだ。

しかし、何が喪失で何が侵害であるかは、価値づけの違いによって変わってくる。この話も第1章で登場していた。席順の間違いで怒る人とアイスの盗み食いで怒る人は価値づけが異なるというものだ。別の例として、たとえば、恋人との別れを考えてみよう。恋人と別れるとしても、自分はまだ好きだったのに相手から振られたなら、その別れは重大な喪失であり悲しみを生じさせるが、自分が嫌いになって相手を振ったのなら、その別れは喪失ではなく、むしろ好ましい状況にポジティヴな情動を覚えるだろう。このように、ある場面でどの情動が生じるかは、どういったものに価値を置いているかに応じて変わってくるのである。

席順やアイスの例は個人の嗜好が反映されたものであり、恋人との別れは相手との関係についての自分の思いが深く関わっている。だが、だからといって、価値はすべて個人的な（主観的な）ものであると考えるべきではない。というのも、他人と共有できるような客観的な（間主観的な）価値もあるからだ。この点を理解するうえで重要なのは、価値は主体と状況の関係によって決まるものだということである。

たとえば、一メートルの段差を飛び越える場面を考えてみよう。身長が一メートルに満たない子どもは、その段差をうまく飛び越えられず怪我をする可能性が高い。そのため、子どもがその場面で恐怖を感じることは何もおかしくない。その子どもにとってその段差が危険なものであることは客観的な事実だ。他方で、その段差を飛び越えられる身長と身体能力をもつ大人にとって、その段差は危険ではない。そのため大人は恐怖を感じないのである。

このように、特定の段差が危険であるかどうかは、その段差の物理的な高さと、それを飛び越えようとする主体の身体条件、この二つの客観的要因によって決まっている。そのため、段差が危険であるかどうかは、個人の考えでどうにかなるものではない。先ほどの子どもが、自分はそれを難なく飛び越えられると思い、そのため恐怖を感じないとしても、その反応は誤っている。その子どもがどう考えていようと、自分の身長以上の段差を飛び越えることは、物理的・身体的条件からすると客観的に危険だからだ。他方で、身体条件が十分な大人がその段差を怖がることも正しくない。物理的・身体的な条件からすると危険ではないものを危険であるかのように感じてしまっており、存在しない危険を誤って察知してしまっているからである。

こうした危険のように、情動が反応している価値は、主体と、その主体を取り巻く状況との関係によって決まるもの、別の言い方をすれば関係的性質である。再度言うが、こうした関係的な価値は個人的な考えでどうにかなるものではない。物理的・身体的条件は変わらないのに、個人の考えが変われば危険なものが危険でなくなるということはないのである。

同じことは、物理的・身体的条件とは関わりが薄そうな価値にもあてはまる。たとえば食の禁忌について考えてみよう。人間の生物学的特徴からすれば、牛肉は（アレルギーなどがない限り）栄養となる好ましい価値をもっているが、特定の社会や宗教では牛肉食は悪いものとされている。この「牛肉食は悪い」という価値は、社会的に決定されたものだが、主観的なものではない。というのも、その社会のある人がいくら牛肉を食べたいと思っても、その社会で牛肉食が禁忌でなくなるわけではないからだ。もしその人が牛肉を食べたら、その人は禁忌を犯したということになり、他のメンバーの怒りを買ったり、自分でも罪悪感を抱いたりするだろう。このように、生物学的に決定されている価値だけでなく、社的に決定されている価値も、客観的（ないし間主観的）なものであり、個人の考え方でどうにかなるものではないのである。

価値に客観性があるなら、そうした客観的な価値に基づいた情動は、個人的な（主観的な）反応ではない。もちろん、客観的とは言えない（他人と共有できない）個人的な価値に基づく情動があることは確かだが、情動はすべて個人の価値に根ざした反応だという考えは誤っているのである。[4]

情動が捉える価値について長らく述べてきたが、実のところ、まだ未解決の問題があった。それは、身体的なだるさの経験と情動は何が違うのか、というものである。先ほど説明したように、怒り・悲しみ・恐怖・喜びといった情動は、自分を取り巻く状況がもつ価値を捉えた評価的状態である。これに対し、だるさは体の疲れを捉えたものである。言い換えると、自分の身体状態に対する反応なのだ（Prinz 2004, 邦訳三二七頁）。だるさのような身体状態と情動の違いは、捉えられている対象が自分の身体なのか、自分を取り巻く状況の価値なのか、という点で区別できるだろう。[5]

ここまで説明してきたように、情動には、身体反応の感じ、感情価、評価の三つの要素がある。これら三つの関係は次のように説明できるだろう。たとえば、クマと遭遇して恐怖を抱く場合、まず、自分の身に危険が迫っているという評価が下される。危険は自分にとって悪いものであるため、その回避を促すネガティヴな感情価が生じる。そして、回避行動をとるための身体反応が生じる。恐怖を感じるときに呼吸が荒くなったり鼓動が速まったりするのは、酸素をたくさん取り込んで血流でそれを身体中に巡らせ、逃走もしくは闘争するための準備を整えているからだ。つまり情動は、評価、行動の指示、身体の準備から成り立っているのである。

情動に関する説明は以上である。次に、こうした情動が美的判断とどのように関わると考えられるかを説明しよう。

2　情動なしに「鑑賞」できない

本章の冒頭で述べた通り、美的経験にとって情動が不可欠だという情動主義は、日常的な考えとも合致するものである。芸術作品や自然風景を前にして心を動かされる経験が美的経験だと考えられるだろう。もし心が動かないなら、作品や自然風景を単に知覚しているだけで、美的経験をもっていないと考えられるのではないだろうか。

また、前節の議論を踏まえると、情動主義は理論的な観点からも支持できる。対象に心を動かされるときには、身体的反応が活発になる（身体的な興奮を覚える）といったことがあるだろう。そして、情動は評価的状態であるので、評価的な要素をもつ美的経験の一部に情動が含まれると考えてよさそうだ。さらに、感情価という特徴によって、美的経験が一定の行動を促すことも説明できる。たとえば、素晴らしいと思った曲はなるべくそれを聴き続けたくなり、ひどいと思ったら聴くのをやめたくなるが、そのことは、素晴らしい曲が喚起した情動のポジティヴさが経験の持続を、ひどい曲が喚起した情動のネガティヴさが経験の抑制を促していると説明できるのだ。

ここからさらに踏み込んだ考察が可能になる。情動を引き合いに出すことで「感受性の洗練」の一部を具体化できるのだ。

感受性の学習

第2章と第3章でみたように、美的経験には感受性を洗練させる学習が必要だとよく言われる。だが、その学習の内実が明確に説明されることはあまりない。では、感受性の学習とは一体どういうものなのだろうか。

まず考えなければならないのは、学習の種類である。感受性は「学習を通じて獲得される価値性質を知覚するための能力」と特徴づけられることが多いが、実のところ、「学習を通じて獲得されるXを知覚するための能力」は、他にも色々ある。たとえば、動物や植物の種類を見分ける能力も学習によって獲得されるものだろう（Siegel 2006）。しかし、そうした弁別能力や学習は美的経験のためのものではない。

この点を理解するためには、人間以外の動物も芸術作品の作風を見分けられるという点をみてみるのがいいかもしれない。たとえば、訓練させればハトもピカソとモネの画を見分けられ、ブンチョウもバッハとシェーンベルクの曲を区別できるようになるという（渡辺 2016: chap. 6）。だが、それらの鳥が絵や音楽を美的に評価しているかどうかは定かではない。作風を区別するだけなら、色や輪郭線、音程の上下といった非美的性質のパターンを手掛かりにすればいいが、そうしたパターンを捉えるための学習は純粋に知覚的なものであって感受性の学習ではないだろう。

知覚的な学習に関して、別の問題もある。それを理解するために、先天的な盲人が開眼手術を受けた例をみてみよう。ドラマなどでは、手術後に包帯をとった患者が初めて家族の顔を見る、といった描写がよくなされるが、現実にはこうしたことは起こらない。術後の患者が包帯をとって見えるのは、強烈な光やまとまりのない色、ぼんやりとした運動で、ふつうの人のように対象をはっきり知覚することはできないと言われている（Sacks 1995, 邦訳一五五〜二〇六頁）。

こうした例からわかるのは、実のところ、普段の何気ない知覚も学習によって可能になっているということである（Noë 2004: chap. 1, sec. 2, 邦訳六〜一一頁）。人間は成長過程のかなり早い段階で、光や運動といった多種多様な刺激をまとめあげ、対象として知覚する能力を学習している。そうした学習なしには何気ない知覚経験をもつこともできないのだ。

だが、こうした典型的な知覚的学習と美的経験のための学習には大きな違いがある。典型的な知覚的学習は、刺激にさらされた直後から始まり、ある程度学習が進むと、どういった対象を前にしてどういった知覚がなされるかがおおよそ決まり、以降の学習でそれが大きく変わることはないだろう。以前には丸く見えていた対象が何らかの学習の結果として四角に見える、といった大きな変化はありそうにない[6]。これに対し、感受性はより柔軟なものである。たとえば、以前はロックが好きだったが、ジャズをたくさん聴くうちにジャズが好きになり、その結果、以前好きだったロックの曲がまったく良く感じられなくなる、ということも十分ありうる。しかし、またロックをたくさん聴いているうちに、前に良いと思った曲が再び良く感じられるようになることもあるだろう。このように感受性は固定的ではなく、人生のあらゆる場面で変わる可能性があるのだ。

そのため、感受性の学習が何であるかを理解するためには、それを純粋な知覚的学習とは別ものとして特徴づけ、さらに、感受性の可変性を説明する必要が出てくる。そして、この二つの問題は、情動を引き合いに出すことで解決できると思われる。

まず、情動に訴えることで、知覚的学習と感受性の学習の違いを説明することができる。動植物の種類を識別する能力を獲得するために情動をもつ必要はないが、感受性を獲得するためには情動が必要となると言えるだろう。この手の対象に接したときにポジティヴな情動を抱き、別のたぐいの対象に接したときにはネガティィヴな情動を抱くようになる、という情動反応の学習を通して可能になるのが、感受性の学習だと考えられるのだ。

さらに、情動反応は学習によって変化することがある。たとえば、他の文化の食べ物に最初は嫌悪を感じていたが次第に好きになる、といったことがあるだろう。また、ある共同体の風習に馴染むことによって、他の文化・共同体からしたら些細なことが、特定のグループでは怒りを引き起こす重大な違反になることもある。さらに、そこから別の共同体に馴染むと、情動反応も変わってくる可能性がある。[7]

この点は、情動が捉えている価値が関係的性質だということとも関わっている。たとえば、上座下座を気にせず座るという行為は、席順はどうでもいいと思っている人からすれば、別にたいしたことではない。しかし、同じ行為が、席順を大切にしている人には重大な違反と認識される。席順を気にしない振る舞いは同じでも、席順を大事にするかしないかの違いで、その行為がもつ関係的な価値が変わってくるのである。

さらに、情動反応のための学習の一部は、ロバート・ザイアンスが提示したことで有名な単純接触効果（mere exposure effect）で説明できるかもしれない（Zajonc 1968）。[8]

単純接触効果を簡単に言えば、人はよく目にする機会があるものを好きになる、というものだ。ザイアンスは、とくに意味のない単語や漢字のような形をランダムに被験者に提示した（その被験者は漢字を知らない人で、漢字の意味はわからない）。そのあとで、どの単語や漢字が好きかを被験者に尋ねると、被験者は、提示された回数が多いものを答えたのである。被験者はその単語や漢字の意味をわかっていないので、多く提示された漢字を被験者が好む傾向は、漢字がもつ意味や内容ではなく、目にする機会が多いために生じたと考えられるだろう。

これと同様に、他文化の食べ物や規範を理解できるようになる学習の一部は、単純接触効果によってもたらされている可能性がある。その文化に触れることが多いと、その文化の産物を好む傾向が形成されると考えられるのだ。

注意すべきだが、情動反応の傾向や感受性の学習が単純接触効果ですべて説明できるわけではない。対象に最初に接触した段階で嫌な印象をもっていたら、いくら同じ対象に触れる機会が多くても、まったく好きにならないこともあるだろう。実際、ひどい絵をたくさん見せても、それを好きになることはなかったという報告もある（Meskin et al. 2013）。とはいえ、情動反応や感受性の学習を決定する要因の一つとして、単純接触効果があると考えるのは、さほどおかしくはないだろう。

以上の点を踏まえて、前章で紹介した感受性を相対化する客観主義をもう一度考えてみよう。たとえば、ギターウルフの《環七フィーバー》を聴いたとき、ガレージロックやパンクロックが好きな人は「パワフルでダイナミックだ」と判断するが、クラシック好きの人は同じ曲を「やかましい」としか思わない。また、スティーヴ・ライヒ作曲／クロノス・クァルテット演奏の《ディファレント・トレインズ》を聴いたとき、ミニマル・ミュージックが好きな人は崇高さを感じるが、前述のパンク／ガレージ好きは単調で長くて退屈だと思うかもしれない。そして、いくら議論を重ねても、どの判断が正しいか答えがでないとしよう。それでも「《環七フィーバー》がパワフルでダイナミックだ」という判断は、ガレージやパンク好きのなかでの理想的な感受性を基準にすれば、正しいと言える。《環七フィーバー》はそうした感受性をもつ人にポジティヴな評価を伴う情動を喚起するのである。《ディファレント・トレインズ》についても同様だ。その曲が崇高だという判断は、ガレージ／パンク好きやクラシック好きとは異なる、ミニマル・ミュージック好きの理想的感受性と照らし合わせれば正しいのである。

そして、そうした理想的な感受性に近づくためには、ガレージやパンク、ミニマル・ミュージックの曲をたくさん聴き、そうしたジャンルの曲に対してポジティヴな情動を抱くようになるための学習が必要になる。クラシック好きの人も、これからガレージやパンク、ミニマル・ミュージックをたくさん聴くことにより、《環七フィーバー》や《ディファレント・トレインズ》を聴いてポジティヴな情動を抱くようになるかもしれない。

さらに、こうした情動の感受性は、客観的（間主観的）なものとなりうる。《環七フィーバー》が素晴らしい作品だという基準が浸透すると、それを否定する考えは正しいものではなく、個人的な感想と考えられるようになるだろう。

以上のように、情動を引き合いに出すことで、美的経験の評価的側面を情動の評価で説明できるようになる。さらに、評価の基準が分かれること、基準が変わりうること、基準が客観点になることを、情動反応の学習によって説明できる。そのため、美的経験には情動が不可欠だという情動主義は、美的判断の客観主義を擁護するうえでうってつけの立場だと言うことができるのである。

とはいえ、情動を引き合いに出すだけでは、客観主義を擁護する決め手がまだ足りない。前章で明らかになった客観主義の課題は、美的経験における知覚的側面と評価的側面を緊密に結びつける理論が必要だというものだった。本章の議論は、美的経験の評価的側面が何であるかを説明したにすぎない。それが情動だと述べただけだ。だが、知覚的側面と評価的側面を結びつける作業は、まだ何も行なわれていないのである。

次章では、二つの側面がどのようにして結びついているかを考察しよう。

注

1 ダマシオは、情動の基礎は身体にあると主張しつつも、必ずしも情動は感じられるものではないと述べている。情動の感じは一定の身体に由来し、身体反応なしの情動はないとしても、その身体反応が必ず感じられるとは限らない。その場合には無意識の情動状態が成立するということだ。

2 感情価は「快・不快度（hedonic tone）」と呼ばれることもある。だが、前注で述べたように無意識の情動が存在するなら、この用語はふさわしくないように思われる。というのも、快や不快は意識的に感じられるものであるため、それを無意識の情動の特徴とみなすことはできないからだ。

3 ポジティヴとネガティヴという感情価がそれぞれどういった神経科学的基盤をもつのかについて、研究者の意見は分かれている。とはいえ、両者の神経基盤は異なる領域であり、そのため、両者は独立のものであることを示唆する研究は多い（そうした実験のサーベイとしては、Prinz［2004: chap. 7, 邦訳二七九〜二八一頁］を参照。また、二つの感情価が独立のものであるなら、ポジティヴさとネガティヴさの両方の価をもつ情動があると考えられるが、プリンツはそうした例としてノルタルジー（郷愁）などを挙げている（Prinz 2004: chap. 7, 邦訳二八三〜二八八頁）。

4　情動の評価的要素が概念的な認知状態であるかどうかに関して論争がある。これまで何度も言及してきたプリンツは、フレッド・ドレツキの情報意味論を採用することで、情動の評価的要素を非概念的な身体反応として扱おうとしている（Prinz 2004: chap. 3）。だが本書では、評価が概念的なものか身体的なものかに関しては中立的にしておく。本書の情動に関する議論は、どちらの立場とも両立可能なものである。

5　とはいえ、自分の身体状態に関連する情動がないわけではない。たとえば足を怪我して嫌な思いをしているとき、その嫌な思いには、当然、自分の身体状態が関わっている。だが、その嫌な思いは「怪我のために自由に歩けない」という自分が置かれた状況に対する反応を含んでいる。

6　上下左右が逆に見えてしまう逆さメガネをつけた生活を続けると、最初は逆に見えていた視界がそのうち正常になると言われている。このことは学習により知覚が大きく変化していることを示しているだろう（Noë 2004: chap. 1）。だが、そうした変化は特殊な装置を使用しなければ起こりそうにないのに対し、感受性の変化はよく起こるものである。

7　たとえ嫌悪や好意、怒りといったものが生物学的・心理学的に基礎的な「基本情動（basic emotion）」だとしても、何がそれを引き起こすかは、それぞれの社会・文化に浸透し、その風習を学習することで変化しうるのである（プリンツはこうした過程を再較正［recalibration］と呼んでいる［Prinz 2004: chap. 5］）。

8　美的な評価に単純接触効果が関わる可能性は、Prinz（2011）、川畑（2012: 70）で指摘されている。

第5章　心が動けば聴こえが変わる

第3章で明らかになった課題は次のものだった。美的判断の客観主義を擁護するために必要な美的経験のモデルでは、美的経験における知覚的要素と評価的要素を緊密に結びつける必要がある。知覚的要素については、第2章でゲシュタルト知覚を使って説明していた。そして評価的要素については、前章で評価的な心的状態である情動を挙げていた。したがって、あとはこれら二つを結びつける方針を提示すればいいことになる。

本章では、知覚と情動を結びつけるものとして「認知的侵入可能性（cognitive penetrability）」という現象に注目する。この現象は近年、心の哲学や認知科学でかなりの注目を集めているものである。

ここで強調しておきたいことがある。本章の第一の目的は、第3章で紹介した美学の議論を踏まえた（美的判断の客観主義を擁護するという課題に答える）ものであるが、そのために用いる第2章（知覚）と第4章（情動）の議論では、認知科学における知覚・情動研究が用いられていた。そして、知覚と情動を結ぶために本章で提示する議論にも、認知的侵入可能性という認知科学に関する議論が用いられている。そのため本章の考察は、美学の問題を解決する見解を提示するだけでなく、美学と認知科学を接続させる考察の具体例を示すという意義をもっている。したがって本章の議論は、第1章で述べた「音楽美学の自然化」を果たすうえで重要なものになるだろう。

1　知覚と情動は独立か？

認知的侵入可能性

日常的には、「絶望でいつもの景色が灰色に見え、希望で輝いて見える」といったことがよく言われる。あるいは、「考え方が変わるとものの見え方が変わる」といったことも言われるだろう。ここまで極端な見え方の変化はないかもしれないが、認知的侵入可能性として挙げられているのは、この手の現象である。情動や思考の影響で知覚が変化するというものだ。認知的侵入可能性をもう少し正確に言えば次のようになる。二人の主体ないし異なる時点での同一の主体が、同じ外的条件で同じ対象を知覚していたとしても、主体がもつ知覚以外の認知状態の違いのために、知覚経験が異なりうる。

この可能性は、一九六〇年代頃、科学哲学における「観察の理論負荷性」や、心理学における「ニュールック心理学」と呼ばれる動向で取り上げられていたものだ。そうした議論でよく引き合いに出されるのは、第2章で扱った多義図形の知覚である。たとえばアヒル／ウサギの多義図形は、ウサギに見えたりアヒルに見えたりする。しかし図そのものには何の変化もないので、ウサギに見えていたものがアヒルに見えるようになるという変化は、知覚者の側に原因があると考えられる。そのため、アヒルは見たことがあるが一度もウサギを見たことがない人がその図を見たとき、その図がウサギの図であるようには見えないと考えられるだろう。また、ウサギ／アヒル図から曖昧さを取り除いてウサギだけに見えるように修正した図を先に見せておくと、修正なしの図を見たときにウサギに見えることが多くなると言われている（Goolkasian 1987）。多義図形の知覚は、前に見たものの記憶に影響されるというのだ。

ここで、関連する最近の実験を紹介しておこう（Hansen et. et al. 2006）。記憶色効果と呼ばれる現象を示す実験の被験者は、ディスプレイに表示されたバナナの色を灰色に調整させるよう指示される。しかし被験者は、灰色よりも少し青っぽく調整してしまう。なぜそうしたのか。このことは次のように説明される。被験者は、バナナは黄色いという記憶をもっているため、その記憶の影響で灰色に調整されたバナナがまだ黄色っぽく見えてしまっている。そこで、黄色に見えた分だけ、黄色の反対色である青よりに調整してしまった（黄と青が混ざったような色が見えることはなく、黄が増えればその分だけ青みが打ち消されてしまう）[1]。つまり、記憶の影響で色知覚が変化したために起こったというのである。

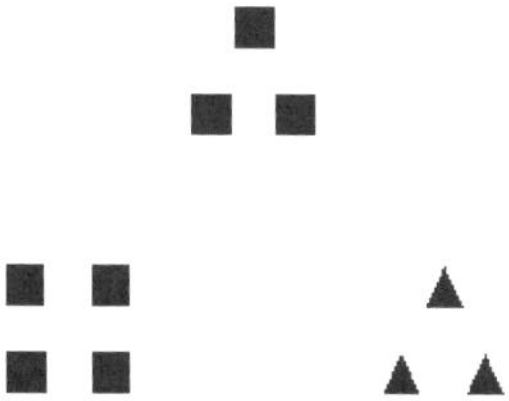

図2　Zadra and Clore（2011）より抜粋

さらに、情動も知覚に影響を与えると言われている。たとえば、前章で説明した感情価が、注意の範囲に影響すると報告する実験がある（Fredrickson and Branigan 2005）。図2を見てみよう。

この図の上段のパターンでは四角形が三つ三角に配置されている。他方で、下段右のパターンでは三角形が三つ三角に、下段左のパターンでは四角形が四つ四角に配置されている。では、上段のパターンは下段右と下段左のどちらに似ているだろうか。

　実際のところ、どちらにも似ている。三角の配置という点に注意すれば上段のパターンは下段右に似ているが、配置されているものの形（四角形）に注意すれば下段左に似ているのである。そのため類似性を判定するには、配置という全体的な構造に注意するか、部分の形に注意するか、どちらか決めなければならない。

　では、どちらに注意するかはどのように決まるのか。そこで関与してくるのが感情価だ。ポジティヴな情動を抱いた人は対象を全体的に見る傾向があり、上段のパターンは下段右と似ていると言うことが多い。これに対し、ネガティヴな情動を抱いた人は部分に注意する傾向があり、下段左と似ていると言うことが多いというのである。[2]

　また、恐怖は距離の知覚に影響するとも言われている（Cole et al. 2013）。被験者の前に生きたタランチュラを提示し、それによって被験者が恐怖を感じると、タランチュラまでの距離が実際よりも近く見えるというのだ。この結果は次のように解釈されている。恐怖を与える対象からはなるべく早く離れた方がよく、離れるという行為が早く生じるには、タランチュラまでの距離が実際よりも近く見えてしまっている方がよい。怖いものがより迫っているように見えた方が素早く逃走反応が生じる、というのである。

　いましがた挙げたのは恐怖から距離の視知覚への影響だが、同様の例は聴覚でも報告されている。恐怖などのネガティヴな感情を抱いていると、音が出ている場所が実際よりも近くにあるように聴こえるというのである（Gagnon et al. 2013）。他にも、ネガティヴな情動が音の大きさの知覚に影響するという報告もある（Siegel and Stefanucci 2011; Asutay and Västfjäll 2012）。

こうした例をみると、知覚以外の心的状態に依存して知覚が変化することがありうると考えられるだろう。これらの実験は知覚が認知的侵入可能な状態であることを証明しているのではないか。だが、一概にそうとも言い切れず、注意するべき点が少なくとも二つある。

一つめの注意点は研究動向に関するものだ。実際のところ、この手の実験は、ニュールック心理学が流行っていた一九六〇年代頃と、認知的侵入が再注目されるようになった近年には多いが、心のモジュール説が人気だった一九八〇年代にはあまり行なわれていない。

ここで、心のモジュール説を少し紹介しておこう。モジュール説にとって重要な主張の一つに、情報遮断性（information encapsulation）というものがある。情報遮断性を簡単に言うと、心がもつある機能は他から独立に働いており、他の領域の働きに影響されず、また、他の領域で処理されている情報を利用できない、というものである。そして、知覚が情報遮断性をもつことを示すために、次のミュラー・リヤー図形の知覚がよく引き合いに出される。

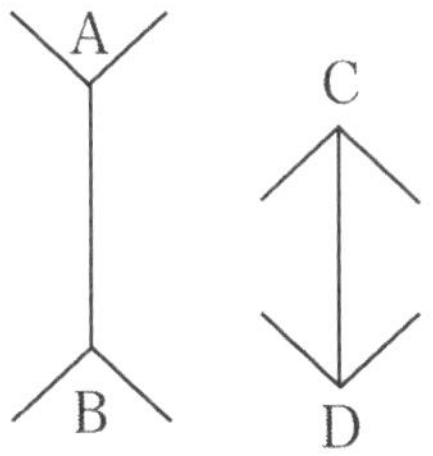

図3　ミュラー・リヤー図形

図3の線分ＡＢはＣＤよりも長く見えるが、定規をあてて測ってみるとわかるように、二つの線分は物理的には同じ長さをしている。だが、物理的に同じ長さだとわかっていたとしても、依然としてＡＢの方が長く見え続ける（知覚的には異なる長さをしている）だろう。二つの線分が同じ長さであると知っているからといって、両方が同じ長さに見えるようになるわけではない。知ることと見ることは異なる心の働きだ。こうした現象から、

図4　グレゴリー『脳と視覚』285頁

図5　グレゴリー『脳と視覚』284頁

知覚は他からの影響を受けないと言われるのである。

だが、こうした見解とは反対に、ミュラー・リヤー図形の知覚は、文化的な影響によって生じるものだと言われることもある。ミュラー・リヤー図形の二本の線分の長さの見え方に違いをもたらしているのは、当然ながら、線分の端に取り付けられた矢羽の向きだろう。そして、図4や図5をみればわかるように、矢羽のようなものは、直線に囲まれた西洋の現代的な居住環境に多く存在している。そして、こうした直線は、自分から対象までの距離がどれくらいであるかを見積もるうえで重要な手がかりとなっている。直線が多い環境で暮らしている人は、知らないうちに、上下の矢羽が開いているか閉じているかを手がかりとして高さを見積もるような知覚の仕方を身につけてしまっている。そのため、ミュラー・リヤー図形で二本の線分の長さが違って見えてしまうのだ。他方で、図6のような円筒形の家に暮らしているアフリカのズールー族の人々には、ミュラー・リヤー図形のような錯視が生じない（あるとしても錯視量が少ない）と言われている。直線に囲まれた環境で暮らしているかどうかで、見え方が変わってくるというのだ（Gregory 1998, 邦訳 一九三〜一九四頁）。

注意すべきだが、文化の影響で知覚が変化するかどうかについては現在も議論があり、ここではどちらが正しいのかを明確にすることはできない。先ほど、認知的侵入可能性とモジュール説には流行り廃りがあると述べたように、一般的に、一世代前の考えが否定されて二世代前の考えが復活するということがよくある（認知的侵入を否定する古典としてはFodor［1983］を、より最近のものとしてはPylyshyn［1999］を参照）。ひょっとすると、また次の世代では認知的侵入が否定される流れが訪れるかもしれない。そのため、記憶色効果のような認知的侵入可能性に関する実験がどれだけ信頼できるかは、今後の動向をみてみなければわからない。

図6　グレゴリー『脳と視覚』194頁

第二の注意点は理論的なものである。実のところ、先ほどのような実験は認知的侵入可能性を示せていないと言われることがある。認知的侵入可能性は〈知覚以外の認知状態の影響で知覚が変化しうる〉というものだが、そうした知覚以外の認知状態は、知覚そのものではなく、知覚から判断に至る過程に介入しているのではないかという疑いがあるのだ。たとえば、タランチュラを見たときの恐怖は、タランチュラまでの距離の見え方そのものは変化させていないが、その見え方に基づいて判断を下す過程を変化させ、その結果、距離の判断を変化させているのかもしれない。つまり、情動が影響を与えているのは知覚そのものではなく、知覚と判断のあいだの過程であるかもしれないのだ。このような疑いを乗り越え、認知的侵入可能性が存在することを明確に示せるかどうかについては、現在でも議論が紛糾している（たとえば、西村正秀［2017］、原田［2018］、Macpherson［2017］、Raftopoulos and Ziembekis［2015］）。

しかし、この問題を棚上げにしても重要な論点が引き出せる。それは、変化しているのが知覚そのものでも、知覚と判断のあいだの過程でも、知覚以外の心的状態の影響により最終的な判断が変化するために、能動的な解釈・熟慮は必要ないということである。タランチュラを怖がった人は、「怖いので距離を実際より近く見積もろう」と積極的に考えようとしたわけではない。むしろ、恐怖の影響で距離が近いと判断せざるをえない状態に陥っている。重要なのは、このとき主体は、恐怖の影響で変化した判断を、自分を取り巻く状況から引き起こされたものだと理解していることである。別の言い方をすれば、自分で能動的な解釈を加えた結果として状況をそう判断したとは思っていないということだ。主体自身の観点からすると、自分を取り巻く状況はそのようなものとしてしか判断できないものになっているのである。

知覚以外の心的状態の影響で変化しているのが知覚そのものでも知覚から判断に至る過程でも、その心的状態が最終的な判断を変化させていることは確かである。そうであるなら、そうした判断の変化によってさらにどういった影響が出てくるのか、という問題を考えることができるだろう。[3] そして本章では、その影響が美的判断にどう関わるか、とくに、客観主義を擁護するうえで有効なのかを検討したい。

そのため以下では、「認知的侵入可能性」は、変化しているのが知覚そのものなのか、それとも知覚から判断に至るあいだの過程であるのかは棚上げにしたかたちで用いることにする。それに応じて、「情動の影響で知覚が変化する」といった表現が登場する場合の「知覚」は、知覚そのものなのか知覚から判断に至る過程であるのかに中立的に用いることにしよう。

知覚と情動の複合体

ここから、情動の認知的侵入可能性を使って美的経験を特徴づけよう。

第2章で述べた通り、美的経験の知覚的要素は、非美的性質の知覚に依存したゲシュタルト知覚だと考えられる。というのも、対象の美的性質を適切に知覚するためには、その対象がもつ非美的性質を知覚しなければならないと考えられるからだ。たとえば、メロディの一部の音を聴き逃すと、そのメロディの繊細さを捉えられず、誤った美的判断を下してしまうだろう。メロディの繊細さは、そのメロディがもつさまざまな非美的性質から作られる全体の特徴、ゲシュタルトだと考えられるのだ。

本書が提案する美的経験のモデルは、非美的知覚と美的知覚のあいだの依存関係に情動の認知的侵入を組み合わせるというものである。

認知的侵入可能性について説明したところで述べた通り、どういった情動をもつかに依存して非美的性質の知覚が異なってくるが、まずここに感受性が関わると考えられる。感受性を十分に獲得している主体は、対象を知覚したときに特定の情動をもつような学習を受けている。そうした主体は、対象が自分にとってポジティヴなものかネガティヴなものかを評価する情動を抱くだろう。そして、その情動は知覚に影響し、非美的性質の知覚を変化させる。たとえば、特定の情動をもっていなかったときとは異なる音量・音高・音色・形・色などを知覚するようになる。そうした個々の非美的性質、言い換えると部分の知覚が変化すれば、部分−全体関係の知覚、つまりゲシュタルトの知覚が変化する。このように変化した知覚によって、最初の知覚印象が変更され、その結果、情動による評価が修正されることもあるだろう。さらに、修正された情動が再び非美的性質の知覚やゲシュタルト知覚を変化させることもありうる。とはいえ、こうしたフィードバック・ループはどこかで安定すると考えられる。そこで際立ってくるものが美的性質であり、その経験が美的経験だと考えられるのである。[4]

他方で、十分な感受性をもたない主体が対象を知覚した場合、十分な感受性をもつ主体とは異なる情動を抱き、その結果、非美的知覚とそれに依存する美的性質の知覚も異なることになるだろう。しかし、前者は適切な感受性をもっていないため、誤った美的性質（対象がもたない美的性質）を知覚したということになる。このとき、対象に対してどういった情動をもてば適切な感受性をもったとみなされるかは、学習が行なわれる社会や文化、それらに関する知識にも依存しているだろう。

このモデルでは、美的経験を構成する知覚は、情動なしには成り立たないようなあり方をしていることになる。たとえば、対象を知覚しても何の情動も抱かない場合は、認知的侵入より後の過程が生じず、そのため、情動の影響を受けたゲシュタルト知覚が生じることもない。そうした主体は適切な美的経験をもてず、誤った美的判断を下してしまうだろう。このように、評価的な情動なしには成立しない知覚が美的経験にとって重要だというのが、本書が提示する「知覚と評価が緊密に結びついている」という主張の内実である。[5]

ここで、知覚に侵入する情動の種類を特定しなくていいのか、という疑問をもつ人もいるかもしれない。美的経験の情動主義のなかには、美的経験を構成する特別な情動があると主張するものがある。そうした例としては、クライヴ・ベルの美的情動（Bell 1914）、カントの無関心性の快（Kant 1790）、最近ではプリンツが強調している驚嘆（wonder）があるだろう（Prinz 2011; 2014）。

だが、本書が提示したモデルでは、情動の種類は重要になっていない。むしろ、美的経験と他の経験の違いを生み出しているのは、特別な種類の知覚、ゲシュタルト知覚である。情動は何であれ、それがゲシュタルト知覚に侵入した場合、二つの複合体が美的経験になると主張しているのだ。

以上のモデルは、第3章で説明した論者のポイントをすべて踏まえている。まず、ゼマッハやウォルトンが挙げた知覚・知識の条件を導入するだけでなく、ゴールドマンが強調した美的経験の評価的側面を情動の評価的側面によって説明している。さらに、レヴィンソンが強調していた知覚的側面も扱いつつ、認知的侵入可能性を強調することで、情動の評価と知覚を結びつけている。これにより、知覚印象を強調するだけでは不十分だというベンダーの批判を回避できるだろう。さらに、美的経験に含まれる行為を促す側面は、情動がもつ感情価によって与えられると主張することができるのである。

注意すべきだが、以上の提案は客観主義を擁護するための方針であり、美的性質の実在性には中立的である。実在論をとる場合、美的経験は、経験とは独立に存在している美的性質を「捉える」働きとみなされるだろう。この方針では、情動による認知的侵入は、外界に実在する性質へのアクセスを可能にするものだということになる。他方で反実在論をとる場合には、対象そのものは美的性質をもたないが、情動の評価的要素が知覚に影響した結果、その評価的要素が対象に「投影される」と主張することになるだろう。

どちらのバージョンが正しいかは、理想的な感受性が複数存在するのかどうかに依存する。もし感受性が複数存在するなら、美的性質は感受性に依存したものであり、主体に依存したものとなる。そのため、美的性質は実在していないということになるだろう。だが、第3章で述べた通り、その場合でも相対化された客観主義を擁護することが可能である。そして、本書の目的は美的判断の客観主義を擁護すること、言い換えれば主観主義を否定することであり、そのためには相対化された客観主義でも十分である（美的性質の実在性に関するより踏み込んだ議論については、田邉［2013］や源河［2017: chap. 6］を参照)。

だが、このモデルを主張するうえで対処すべき問題が少なくとも一つある。それは、美的経験において知覚と結びついた評価は情動でなければならないのか、というものだ。

2 考えることと感じること

情動以外の評価的状態

ここで提示したのは美的経験についての情動主義の一形態であり、美的経験に不可欠な評価は情動に由来すると主張している。だが、価値を捉える評価という役割は情動だけのものではない。たとえば、冷静な思考でも対象の価値を捉えることができるだろう。

この点を理解するために、クマと遭遇して危険を察知する場面を考えてみよう。これまで述べてきた通り、多くの場合その危険さは恐怖という情動によって捉えられる。そして、恐怖には脳の扁桃体という領域が重要な役割を果たしていると言われる。クマが目に映ると、その視覚情報は視床を介して扁桃体に送られる。その情報を受けた扁桃体は、呼吸や筋肉、ホルモン状態の変化など、恐怖に伴う自律神経系の身体反応が生じるための信号を送る（LeDoux 1996: chap. 6）。扁桃体は知覚と恐怖の身体反応をつなぐ決定的な役割を果たしているのだ。それを示すように、何らかの原因で扁桃体が機能不全に陥ると、恐怖を感じなくなると言われている（Feinstein et al. 2011）。

しかし、扁桃体が機能しない人でも、冷静な思考によって危険を察知することができるかもしれない。たとえば、クマの体の大きさや牙や爪の鋭さを見たり、クマに襲われて死ぬ人が多いといった知識を用いたりすれば、冷静な思考や推論を通して「目の前にいるクマは危険だ」と評価できるだろう。[6] そうした時間のかかる推論を行なっているうちにクマに殺されてしまう人もいるかもしれないが、何回か運良く生き延びた人はその推論を一瞬で行なえるようになるかもしれない。たとえば、8×6＝48という計算は、最初は考えてやっていたがそのうち反射的に答えられるようになる。それと同様に、最初は熟慮して下していた「危険だ」という判断も、そのうちクマを見れば一瞬で下せるようになるかもしれない。

そして重要なのは、思考も認知的に侵入可能な状態だと考えられていることである。たとえば、多義図形の知覚でも、「これはウサギだ」と思って見ればウサギに見え、「これはアヒルだ」と思って見ればアヒルに見えたりするだろう。「これはアヒルだ」といった思考は評価的なものではないが、思考が認知的に侵入可能な状態であり、そして、評価的な思考というものがあるなら、情動主義へ反対する道筋が開ける。つまり、美的経験を構成している評価的状態は、情動ではなく思考ではないかとも考えられるのだ。

だがここでは、それでも美的経験には情動が不可欠だと主張したい。美的経験に思考が影響することは認められても、美的経験が情動なしに知覚と思考だけから構成されていることは否定したいのである。それを示すために注目したいのは、美的判断の個別主義（particularism）という考えである。

美的判断の個別主義

美的判断の個別主義を簡単に言うと、美的判断を下すための一般原則は存在しない、あるいは、かりにそうした原則があるとしても、その原則は、われわれが価値判断を下すうえで使えるものではない、というものである。[7]

美的判断の個別主義を主張する有名な論文としては、フランク・シブリーの「美的概念」が挙げられる（Sibley 1959）。それによれば、美的判断は美的な一般原理を参照することによって下されるものではない。というのも、美的判断には非条件支配性（negative condition-governing）という特徴が備わっているからである。

すでに何度も述べているように、対象がどういった美的性質をもつかは、その対象がどういった非美的性質をもつかに依存している。たとえば、繊細と言われるメロディの一部の音を変えてしまうと、もはや繊細ではなくなってしまうかもしれない。このように美的性質と非美的性質のあいだには依存関係があるが、だからといって、対象が一定の非美的性質をもつという条件を満たせば、その対象は一定の美的性質をもっていると判断していいわけではない。というのも、一定の非美的性質をもつすべての対象が同じ美的性質をもつわけではないからだ。たとえば、繊細さをもつメロディの典型例は、テンポがゆっくりで、音量は大きくなく、音程の変化がゆるやかである、といった特徴をもつだろうが、そうした特徴をすべて備えていても繊細でないメロディがあったり、そうした特徴をいくつか欠いていても繊細であったりするものがある。あるいは、ナイアガラの滝の音も《ゲルニカ》も「ダイナミックだ」と判断されるだろうが、ダイナミックさの基盤として両者がもつ非美的性質（音量・色・形）はかなり異なっている。そのため、〈a、b、c、といった非美的性質をもつものはXという美的性質をもつ〉といった原理は成り立たない。一般原理が成り立たないなら、それを参照した演繹的推論によって美的判断を下すことも不可能だろう。[8]

美的判断を下すために一般原則に基づいた演繹的推論が使えないなら、評価的思考をもたらす推論が美的経験を構成しているとは考えられない。むしろ、美的判断は、個別事例に対して非推論的に下されていると考える他ないように思われる。

だが、ここで述べたのは、美的判断を下すために演繹的推論が使えないということである。これに対し、ヒューリスティックな推論などの思考は使えるのではないか、という疑問が浮かぶかもしれない。ヒューリスティックス（発見法）とは、必ず正しい答えが導けるとは限らないが、それにしたがうと高い確率で正しい答えを得られる方法のことである。ひょっとすると美的判断は、こうしたヒューリスティックな推論に基づいているかもしれない。つまり、〈対象がa、b、c、といった非美的性質をもっているなら、それはXという美的性質をもつ可能性が高い〉という推論が働き、その結果、「その対象はXだ」と判断されているかもしれないのだ。

この疑問には前著（源河 2017a: chap. 6）でいくらか答えていた。まず述べたのは、ヒューリスティックスは知覚でも使われているので、ヒューリスティックスを指摘するだけでは美的性質が思考によって判定されることの証拠にはならないということである。さらに、美的経験は典型的な知覚経験の特徴を備えているため、思考よりもむしろ知覚だと考えるのが自然だと主張した。

また、ヒューリスティックスに関する論点は、情動主義と個別主義でも取り入れられる。たとえばクマを見たとき人は、「体が大きくて、牙や爪が鋭くて、唸り声をあげていて……危険な対象がもつ条件を満たしているので、したがって危険だ」といった演繹的推論を行なっているわけではない。むしろ人はすぐさま恐怖を感じ、その危険を察知する。さらに、そのときの恐怖が捉えている危険は一般的なものではなく、主体が置かれた個別的な状況がもつものである。「クマは一般的に危険だ」と理解していても、恐怖は生じない。恐怖が生じるのは、クマが目の前に現れ、実際に自分が危険にさらされているときだ。情動も、一般的な価値ではなく、主体が置かれた特定の状況の価値を捉えているのである。[9]この点を踏まえると、美的経験を構成する情動は、主体が置かれた個別的な状況、つまり、主体が経験している特定の対象がもつ個別的な価値を捉えるヒューリスティックな反応だと主張することができるだろう。

本書が提示した美的経験のモデルをまとめよう。美的判断には知覚的側面と情動的側面の両方があり、両者は認知的侵入可能性で結ばれている。主体は、対象を知覚したときにポジティヴないしネガティヴな情動（評価）を抱き、それが知覚（部分としての非美的性質の知覚と、全体の知覚としてのゲシュタルト知覚）を変化させる。このような過程があることで、その対象は、美的性質をもつものとして意識に現れるようになる。そこで情動によって評価されているものは、主体がそのとき接している個別的な価値である。そして、こうした経験に基づき、対象に特定の美的性質を帰属させる美的判断が下される。この美的判断は知覚や情動に依存して正しかったり間違っていたりする。対象を知覚するためにふさわしい条件を満たし、また、その対象に対してふさわしい情動を抱く感受性が獲得されているなら、主体は対象に適切な美的性質を帰属させる美的経験をもてる。そして、そうした美的経験に基づいた美的判断は正しいものである。だが、知覚や情動のための条件が十分満たされていないなら、美的経験と美的判断は誤ったものになるだろう。美的判断はこのようにして正誤を問える客観性をもつのだ。

注

1　こうした色同士の関係は反対色と呼ばれる。他の反対色としては、赤と緑がある（赤っぽい緑はふつう見えない）。黄と赤が混ざった色（橙）、黄と緑が混ざった色（黄緑）、青と赤が混ざった色（紫）、青と緑が混ざった色（青緑）は見えるが、黄と青が混ざった色、そして、赤と緑とが混ざった色は見えないのだ。こうした関係は、人間がもつ三種類の錐体細胞の反応の組み合わせによって決定されている。詳しくは Fish（2010, 邦訳二〇八～二一四頁）を参照。

2　この他にも、気分が知覚される傾斜に影響したり（Riener, et al. 2011）、情動の覚醒が高さの知覚に影響したりする

(Stefanucci and Storbeck 2009）と言われている。こうした実験のサーベイとしてはZadra and Clore（2011）、北村・北川（2008）を参照。

3　Stokes（2014）やSiegel（2017: chap. 1）では、認知的侵入可能性を明確に特徴づけることよりも、知覚以外の心的状態の影響で知覚が関わる判断にどのような認識論的な影響が出るかを明らかにすることの方が重要だと言われている。

4　先ほど、情動がポジティヴかネガティヴかに応じて注意の範囲が変わるという現象を説明したが、注意の範囲が広がった方が適切に美的性質を知覚できるのか、それとも狭まった方がいいのか（つまり、どの範囲の特徴が「全体」としてまとめられるべきか）は、作品によって違ってくるかもしれない。また、注意の範囲は視覚の例で、聴覚の注意の変化は視覚とは異なっているかもしれない。

5　美的知覚には情動が侵入した非美的知覚が不可欠だと主張する本書のモデルでは、美的知覚を行なう主体は非美的性質を錯覚しているという帰結が導かれるかもしれない。というのも、情動の認知的侵入により、対象が実際よりも大きく見えたりしている可能性があるからだ。この点が評価的知覚モデルにどういった問題を引き起こすかはさらに検討しなければならないが、少なくとも、「ダイナミックさを感じさせる対象は実際より大きく見える」といったことが日常的に言われることを考慮すると、この種の錯覚は認めてよさそうだ。

6　ここで心の二重過程システムにも触れておこう。情動も思考も価値を捉えるはたらきだが、両者は役割が異なっている。情動は差し迫った状況に対処するための熟慮なしの価値評価であり、精度は低いが生き延びるために重要だとされる。これに対し思考は、熟慮するだけの時間があるときに行なえる精度の高い価値評価だと考えられるのだ。人間の心にはこうした二つのシステムがあると言われており、二つの違いが道徳的判断にも影響を及ぼすとされている。詳しくは、Greene（2014）や植原（2017: chap. 6）を参照。

7　個別主義は道徳的判断に関する立場としての方が有名だろう。たとえば、安彦（2007）、安藤（2014）、田中（2004）、蝶名林（2015; 2016）を参照。

8　ただし、「美的概念」のシブリーは明らかに個別主義を主張しているが、別の論文（Sibley 1983）には一般主義を擁護する側面もあると言われている（Shelly 2013）。またシブリーは、「一定の非美的性質をもつものは一定の美的性質をもつ」という肯定的な原則は成り立たないが、「特定の非美的性質をもつものは特定の美的性質をもつことができない」という否定的な原則は成り立つ可能性があると述べている。たとえば、絵の一部にショッキングピンクが使われていると、他をどういじってもその絵は繊細にはなりえない、といったことが成り立つかもしれない。

9　注6で触れた二重過程システムのうち、情動が属するシステムでも、他方の思考システムではうまく再構成できないようなヒューリスティックな過程が行なわれていると考えることができる。

第6章　音を見る、音に触れる

本書はこれまで音楽を例として美的性質・経験・判断について語ってきたが、実のところその議論は、音楽聴取以外にも適用できるものである。そのため、本書の美的判断の客観主義を擁護する理論は、芸術作品でも自然風景でも、聴覚的なものでも、視覚・触覚・味覚・嗅覚的なものでも、美的なものに一般的にあてはまるものとなっている。前章まで、おおよその具体例は特定の曲だったが、それを特定の絵画・彫刻作品、景観に置き換えたとしても、実質的な内容としてはまったく同じ議論ができるだろう。

だが、これ以降は、より音楽に焦点を絞った考察を行ないたい（とはいえ、以降の議論も、絵画や彫刻といった他の芸術形式の作品の経験に適用する余地はある）。

音楽は音を使った芸術である。そのため、音楽作品を適切に鑑賞するには、その作品を構成する音を注意深く聴く必要があるだろう。[1]だが、そもそも音とは何なのだろうか。

現代の常識からすると、音は音波であり、耳で聴くもので目には見えないものだと考えられるだろう。誰もが学校でそう習ったはずだ。しかし、近年の知覚の哲学では、それとは異なる見解が注目されてきている。それによれば、音は音波（空気や水といった媒質の振動）ではなく、音波を生み出した物体の振動である。物体の振動は見たり触ったりできるものなので、もしこの考えが正しければ、音も見たり触ったりできるものだということになるだろう。

本章では、この立場がどういう理由から支持されているのかを概説しよう。この立場から音楽聴取に関して何が言えるかは次章で取り上げたい。

1　音はどこにあるのか

出来事としての音

音がもつ最も明確な特徴は、ある時点で始まってある時点で終わる、というものである。別の言い方をすると、音は時間を通じて展開するものだということだ。この点から、音は出来事（event）という存在論的カテゴリーに属していると言われることが多い。

ここで出来事について説明しておこう。出来事の典型例は、会議、授業、通勤や通学といったものだ。これらは、「途中」や「前半部分」「後半部分」といった語り方がごく自然になされるものである。「いまは会議の途中だ」「会議の前半ではこの話題が取り上げられた」という言い回しは自然だろう。これに対し、出来事と対比されるもの、たとえば机や椅子といった物体のあり方には、「途中」などの言葉は普通使われない（飯田 2011）。

音も「途中」「前半」「後半」といった言い回しがごく自然にできるものだ。また、音をはじめとして出来事は起こったり起こらなかったり（生じたり生じなかったり）するものだが、物体はあったりなかったりするものである。音は、机や椅子のような物体とは異なる存在の仕方をしているのである。

また、音の時間性と関わる特徴として、性質が変化するということが挙げられる。たとえば、前半の音量は小さかったが後半では大きくなった、時間が経つにつれて音高が上がったり下がったりした、といったことがある。こうした点を考慮すると、音そのものは性質ではないと考えられる。つまり、色や形とは存在論的カテゴリーが異なるのだ。むしろ音は性質の担い手、性質をもつものだと考えられるのである。

性質の担い手は、性質が変化しても存在し続けるものである。たとえば、ポストの色を青に塗り替えても、ポストそのものは存在し続けるだろう。ポストは物体であり出来事ではないが、出来事も性質の担い手である。出来事である音も、音量が大きくなったり小さくなったりといった性質の変化を通じて存在し続ける。音は、音量・音高・音色といった性質を担う出来事なのだ[2]。

出来事という点をもう少し掘り下げよう。一般的に言って、出来事は一回限りのものである。たとえば、通学という出来事は、家を出たときに始まり、一定のあいだ持続し、学校に着いたときに終わる。通学は「毎日同じことの繰り返しだ」と言われたりするが、厳密に言えば、日々行なわれている通学はそれぞれ異なる出来事である。というのも、昨日の通学と今日の通学とでは、開始された時点と終わる時点が異なっているからである。今日の通学は、昨日の通学のほぼ二十四時間後に起こった別の出来事なのだ。

とはいえ、どちらの通学も、同じ人物が、同じ出発地点から同じ目的地へ、同じ順路で、同じようなペースで、だいたい同じ時間だけ移動するという共通点がある。昨日の通学と今日の通学には共通点が多くあり、時点を除いて非常に似ている。こうした非常に似たものが日常的には「同じ」と言われているのである。

音が出来事であるなら、音も一回限りのものであることになるだろう。たとえば、「昨日も今日も授業の始まりに同じチャイムの音がした」と言われるが、昨日のチャイムと今日のチャイムは同じ出来事ではない。そのチャイムは録音されたものであり、それを同じ再生環境で鳴らす場合には、同じ音量・音高・音色のベルの音がするだろうが、昨日のチャイムと今日のチャイムは時点が異なる別々の出来事であるのだ。

この点を哲学の専門用語を使って言い直すと、音はタイプではなくトークンだということになる。タイプとトークンの違いを理解するために、「ああああ」という文字列をみてみよう。ここに文字がいくつあるだろうか。「あ」という一つの文字しかない、と言うときに意味されているのがタイプである。これに対し、文字が四つあると言う場合に意味されているのがトークンである。タイプとしての「あ」の具体例が四つあると言われているのだ。これと同じく、昨日のチャイムと今日のチャイムは、同じタイプの出来事だが、トークンとしては異なる出来事なのである。

ここまで、音は出来事だと述べてきた。しかし、出来事にも色々な種類がある。では、音はどういった出来事なのだろうか。

この問題を考えるために、次の古典的な哲学的問題を考えてみよう。

誰もいない森で木が倒れたら音はするのか

森を散歩しているとき、近くにあった木が倒れ、その音が聴こえたとしよう。そのとき次のようなことが起こっている。倒れた木は地面とぶつかり、木と地面が振動する。その振動はまわりの空気を振動させる。空気の振動は空気中を伝わり、音波が伝播する。音波が鼓膜に到達すると、蝸牛・聴覚神経・脳の聴覚野といった聴覚システムの反応が生じる。これらすべてが成り立つと、音が聴こえる。このとき、耳栓をしていたために音波が鼓膜まで到達しなかったり、聴覚システムが何らかの理由で機能不全を起こしていたりしたら、音は聴こえなかっただろう。

では、森に誰もいない場合はどうだろうか。木が倒れて地面にぶつかると、木と地面が振動する。振動が空気に伝わり、音波が空気中を伝播する。ここまでは同じだ。しかし、聴覚システムをもつ生物が存在しなければ、当然ながら、聴覚システムの反応が生じることはない。そのため、音を聴く主体は存在していない。

どちらのケースでも物理的な振動が存在している。両者の違いは、一つめには聴覚システムに反応が生じる主体がいるが、二つめにはいないということである。これに関して異論はないだろう。しかし、次の問いを考えてみよう。二つめのケースで音はしたのだろうか。

ここで重要なのは、「音がする」ことと「音が聴こえる」ことを区別するかどうかである。もし、そうした区別はなく、両者は同じことだと主張すると、音の反実在論になる。音は聴かれるときにのみ存在し、聴こえない音は存在していないということだ。これに対し、二つの区別を認めるなら、音の実在論になる。木が倒れたとき、たまたま近くに聴覚システムをもつ主体がいればその音が聴かれるが、音そのものは聴かれるか聴かれないかに関係なく存在しているということになるのだ。

音の実在論はさらに二つのバージョンに分けられる。そして、反実在論と二つの実在論は、音を物理的空間内のどこに位置するとみなすかの違いに応じて、それぞれ、近位説、中位説、遠位説と呼ばれる。

近位説（proximal theory）

音は、聴覚システムが反応するという出来事（または、その反応によって生み出された主観的な感覚）である。聴覚システムの反応は知覚主体が存在しなければ存在しないものなので、主体がいなければ音が存在することもない（反実在論）。また、聴覚システムの反応は主体の反応であるので、音は主体が位置するところに位置していることになる（近位）。

中位説（medial theory）

音は、空気や水といった媒質のなかを伝わる振動、つまり音波である。音波の伝播は物理的な出来事であり、知覚主体がいようといまいと存在するものなので、音は知覚主体とは独立に存在するものである（実在論）。また音波は、それを生み出した振動する物体と聴覚システムをもつ主体のあいだにある（振動する物体から主体のところまで空間上を移動してくる）ものなので、音も物体の振動と主体のあいだに位置していることになる（中位）。

遠位説（distal theory）

音は音波を生み出した物体の振動である。物体の振動も物理的な出来事であり、知覚主体がいようといまいと存在じているものなので、音も知覚主体とは独立に存在している（実在論）。また、物体の振動は知覚主体から離れたところに位置するものなので、音も知覚主体から離れたところに位置していることになる（遠位）[3]。

本章の冒頭で述べた通り、近年の知覚の哲学では音と物体の振動を同一視する遠位説が支持を集めている。次節では、遠位説がどういった理由から支持されているのかをみてみよう[4]。

2　現象学と知覚システム

遠位説を支持する主な根拠としては、音の聴こえ方がどうであるかという現象学的な考察、さらに、音を知覚するときに知覚システムがどのように働いているかという知覚過程に関する考察が挙げられる。

音が定位する場所

音の存在論（音はどういうあり方をしているのかに関する哲学的問い）が注目され、そのなかで遠位説が支持されるようになったのは二〇〇〇年代前後からだ（Casati and Dokic 2010; O'Callaghan 2007; Pasnau

1999)。だが、それより二十年ほど前に、日本を代表する哲学者である大森荘蔵は、近年の哲学者が遠位説を支持する出発点となる考えを、次のように簡潔に述べている。

音のしているのはステージの上のピアノでありチェロなのである。その音は耳元で聞こえていはしない。ましてや耳の中や頭の中で聞こえていはしない。

（大森荘蔵［1981］「音がする」、『流れとよどみ』第7章、五三頁）

近位説が言うように音が聴覚システムの反応であるなら、音は聴覚システムと同じ場所、つまり頭の中に存在していることになる。また、中位説が言うように音が音波であるなら、音は振動する物体から離れて知覚者の耳元まで移動してくるものだということになる。だが、音はそうした場所に位置しているように聴こえるだろうか。

たとえば、部屋の外の廊下を歩いている人の足音がする場合を考えてみよう。その足音は部屋の外でしているように聴こえる。頭の中でしているようには聴こえないだろう。イヤホンで音を聴いている場合（「頭内定位」と呼ばれる現象）を除いて、音は、音源となる物体のところで鳴っているように聴こえているのだ。また、部屋の外を歩く人のところから自分のところまで音が移動してくるようにも聴こえない。確かに、音が移動しているように聴こえる場面もあるのだが、それは音源となる物体が移動している場面だろう。足音が自分に近づいてくるように聴こえるときには、歩いている人が自分に近づいてきている。足音だけが、歩いている人から離れて、自分のところに移動してくるように聴こえることはないだろう。

そうすると、近位説や中位説から導かれる音の場所についての主張は、音の聴こえ方と一致していないことになる。むしろ、それと一致するのは遠位説である。音は物体のところに知覚的に定位し、そこにとどまっているように聴こえているのだ。

とはいえ、音波や聴覚システムの働きがなければ音が聴こえないことは確かである。では、音波や聴覚システムは音が聴こえるうえでどのような働きをしているのか。この点を理解するために、視覚とのアナロジーを考えてみよう。

たとえば机が見えるときには次のような過程が成立している。まず、机に光が当たる。机の表面はその光の一部を吸収し、残りを反射させる。その反射光が眼に入ると、網膜や視神経、脳の視覚野といった視覚システムが働く。そういった過程が成り立つと、机が見える。ここで重要なのは、こうした過程が成り立つことによって見えているものが何かということだ。当然ながら、見えているのは机である。机から光が反射されている様子や、視覚システムが働く様子は、見えているわけではない。もちろん、反射光が眼に入らなければ机は見えないし、視覚システムが適切に働かなければ机は見えない。しかし、これらは視覚経験を成立させるための条件であって、それ自体は意識には現れない。反射光は机についての情報を担っているものであり、視覚システムは反射光に符号化された情報を処理するものである。そうした情報が適切に処理された結果として見えるのは、光を反射している机なのである。

音についても同じように考えられるだろう。音波が鼓膜に到達しなかったり、聴覚システムが適切に働かなかったりすれば、音は聴こえない。なぜなら、音波は物体の振動についての情報を担うものであり、聴覚システムはその情報を処理するものだからである。その情報が適切に処理された結果として意識に現れるもの、つまり、聴こえている音は、音波を生み出した物体の振動だと考えられるのである。

環境を聴く

しかし、音波に関する次の事実から、近位説や中位説を支持できると思われるかもしれない。それは、音源となる物体の振動に大きな変化がなくても、音の聴こえ方が変わってくる、ということである。

たとえば、道路工事のドリルがアスファルトを掘る音を聴くとしよう。ドリルの音を工事現場の近くで聴く場合と、部屋のなかから聴く場合とでは、音の聴こえ方が異なっている。その聴こえ方の違いは、音波の違いに対応しているだろう。工事現場の近くではドリルが生み出した音波がそのまま耳に入ってくるのに対し、部屋のなかでは、壁などによって音波が反射されたり、その一部が吸収されたりすることで、外にいる場合とは違った音波が耳に入ってくる。さらに、そうした音波の違いに応じて聴覚システムの働き方が異なってくるだろう。他方で、部屋から出たときにドリルが生み出す振動が変わったわけではない。ドリルは一定の回転数でアスファルトを掘り続けているのである。

ドリルの振動は一定なので、音と物体の振動を同一視する遠位説では、こうした聴こえ方の違いを説明できないと考えられるかもしれない。これに対し近位説や中位説には説明の手立てがある。部屋のなかと外では、音波や聴覚システムの働きに違いがあるからだ。そうだとすると、遠位説は音の聴こえ方の説明としてもっともらしくなく、近位説や中位説の方が正しいと考えられるのではないだろうか。

だが、この結論は早急である。それを理解するために、ここでは、音の聴こえ方の別の側面を取り上げたい。

部屋のなかでドリルの音を聴いて「工事しているのか」と思って外に出たとしよう。そのとき、ドリルが出す音の音量がより大きくなったように聴こえるだろうか。確かに、部屋の外に出るとドリルの音がよりうるさく感じられる。だが、ドリルの回転数が上がったためにドリルの音量が大きくなったようには聴こえないはずだ。むしろ、ドリルは一定の回転数でアスファルトを掘り続けており、それが生み出す物理的な振動および音の大きさも一定のままだとわかるのではないだろうか。こうした現象は音量の恒常性（loudness constancy）と呼ばれる。

恒常性という現象は他の感覚モダリティの知覚にも存在するので、その例をみてみるとよりわかりやすいかもしれない。たとえば、五〇〇メートル離れたところにある車を見る場合と、その車に近寄ってすぐそばで見る場合を比べてみよう。車に近づいていくにしたがって、車の見え方は変化するが、車そのものの大きさが変わったように見えるわけではない。この現象は大きさの恒常性と呼ばれる。

一般的に恒常性とは、ある対象を知覚したときに、環境に依存して変わらない要素と依存して変わる要素の二つがあると気づく現象、と特徴づけられる。音についても同じことが言えるだろう。音の場合も、振動する物体との距離が変わっても音量そのものが変化したようには聴こえないが、音量の聴こえ方が変わった（それに伴い、音量が生み出す不快感が変わった）ように経験されているのである。

では、部屋の外となかの聴こえ方の違いを生み出しているのは何か。それは、ドリルの音を聴く環境の違いである。ドリルによって生み出された音波は、鼓膜に到達するまでに、さまざまな物体に反射・吸収されている。そして音波は、こうした環境の情報も担っていると考えられるのである。[6]

この点は反響定位（エコロケーション）という現象をみてみると理解しやすいだろう。有名なのはコウモリの知覚だ。コウモリは口から音波を出し、跳ね返ってきた音波をキャッチすることで、自分の周りにどのような物体が存在するかを知覚することができる。実のところ、反響定位は人間にも可能である。訓練をつんだ盲人は反響定位を利用して自分のまわりにある対象を知覚でき、自転車に乗ったりバスケットボールをしたりすることもできるのだ（Rosenblum 2010: chap. 1）。普通の人はそれほど正確に環境の情報をキャッチできないが、まったくできないわけではない。たとえば、ドリルの音の聴こえ方が変わったとき、誰かが窓を開けたのではないか、と気づくかもしれない。また、音が反響する様子から、音がしている部屋の広さがどれくらいであるかわかることもあるだろう（Young 2017）。

このように音波は、それを生み出した物体の振動の情報だけでなく、環境の情報も担っている。環境が変われば音波が変わり、また、音波の違いに応じて聴覚システムの反応も変わってくるが、それは音波に環境の情報が付け加わったためである。そして、それに応じて聴こえ方が変わってくるのだ。だが、ドリルの振動は一定だと知覚しつつ、窓が開いて環境が変わったことも知覚するように、人間の聴覚システムは物体の振動と環境とを区別できる。そして、環境とは区別されているものとして聴こえているドリルの音は、遠位説が言うように、ドリルが生み出す一定の振動と同一だと考えられるのである。[7]

知覚のマルチモダリティ

遠位説を支持する最後の根拠として、知覚のマルチモダリティをみてみよう（O'Callaghan 2008）。マルチモダリティを簡単に言えば、視覚や聴覚といったそれぞれの感覚モダリティは、互いに独立に対象を捉えているのではなく、共同して対象を捉えているということである。それを理解するためには、多感覚錯覚（cross-modal illusion）と呼ばれる現象をみてみるのがよいだろう。それは、ある感覚モダリティでの知覚が別のモダリティの影響で変化してしまうというものである。

一番わかりやすい例としては「腹話術効果（ventriloquist effect）」が挙げられる（Bertelson 1999）。腹話術のパフォーマンスを見るほとんどの観客は、声を出しているのは人形ではなく腹話術師だと知っている。それでも、声は人形の口から出ているように聴こえてしまう。もちろん、目を閉じていれば声は腹話術師の方から聴こえてくるが、人形の口の動きを見ながら声を聴くと、声の聴こえ方が変わってしまうのである。この例は、視覚の影響で聴覚的知覚が変化してしまうことを示している。

視覚から聴覚への影響を示す別の例としては、マガーク効果というものがある（McGurk and MacDonald 1976）。それは、「ガ」と言っている口の動きの映像に合わせて「バ」という音を聴かせると、「ガ」でも「バ」でもなく「ダ」と言っているように聴こえるというものである。ここでも、音声だけを聴くと「バ」にしか聴こえないが、「ガ」の口の動きを見ることによって、「ダ」と聴こえてしまうのだ。
聴覚が視覚に影響する例としては、「音によるフラッシュ錯視（sound-induced flush illusion）」と呼ばれるものがある（Shames et al. 2000）。これは、短い光のフラッシュを一回見るときに短い音を複数回聴かせると、複数回フラッシュしたように見えるというものである。もちろん、フラッシュだけを見れば一回しか点滅したように見えないが、聴覚の影響で視覚的に知覚される点滅の回数が変化してしまうのだ。

こうした多感覚錯覚は、情報の調整という観点から説明される。人の場合は通常、視覚は聴覚よりも空間解像能が優れており、対象がどこに存在しているかについては、聴覚よりも視覚の方が信頼できる。そのため、視覚から得られる空間的情報と聴覚から得られる空間的情報が食い違っている腹話術の場合、より信頼できる視覚情報が優先されることで聴覚的知覚が修正され、声は人形の口から出ているように聴こえるのである。他方で、聴覚は視覚よりも時間分解能が優れており、出来事が何回生じたかについては視覚よりも聴覚の方が信頼できる（視覚ではすぐ残像が生じてしまって区別が難しい）。視覚情報と聴覚情報が食い違っている音によるフラッシュ錯視の場合、より信頼できる聴覚情報が優先されることで視覚情報が修正され、フラッシュが複数回生じたように知覚されるのである。そしてマガーク効果では、「ガ」の視覚情報と「バ」の聴覚情報が調整され、両者のあいだとして「ダ」が聴こえるようになるのだ。

多感覚錯覚をこのように説明するうえで重要なのは、それぞれの感覚モダリティは互いに独立に別々の対象を捉えているのではなく、それぞれが共同して同一の対象を捉えている、という観点である。多感覚錯覚は、対象の物理的なあり方とは一致しない知覚が生じるという意味で錯覚であるが、複数の感覚モダリティのあいだで情報の調整が行なわれていることを教えてくれる。腹話術の場合、実際には腹話術師が出している声と人形の口の動きは、偶然とは言いがたいレベルでタイミングが合っている。自然環境でこれほどタイミングが合っている視覚情報と聴覚情報は、同じ出来事によって生み出された可能性が非常に高い。そのため、同じ出来事についての情報として調整されてしまう。同じ出来事についての食い違った情報であるからこそ、それらが調整されるのであり、異なる出来事についての異なる情報を調整する必要はない。腹話術の場合、視覚情報と聴覚情報が同じ出来事についての情報として調整されてしまうのは、そうした調整を生じさせるために工夫された腹話術師のテクニックがあるためだが、そのテクニックは、同じ出来事について正確な情報を得るために働く知覚システムの働きを利用したトリックである。もし腹話術が下手でタイミングが合っていないなら、視覚情報と聴覚情報は同じ対象についての情報と認識されず、こうした調整は起こらないだろう。

また、聴覚情報は視覚情報とだけ調整されるものではない。たとえば、羊皮紙錯覚（parchment-skin illusion）を示す実験の被験者は、自分の両手をこすり合わせる音をヘッドホンで聴くのだが、ヘッドホンを通した音ではその高音領域が強調されている。すると被験者は、自分の手が乾いた羊皮紙のようにカサカサに感じられるのである（Jousmäki and Hari 1998）。また、ポテトチップスを食べるときに咀嚼音を強調した音をヘッドホンで聴いていると、ポテトチップスが実際よりサクサクに感じられるという（Zampini and Spence 2004）[8]。こうした実験は、聴覚と触覚が捉えているものが同じ対象として扱われていることを示しているだろう。[9]

（マルチモーダルな情報調整は、前章で挙げた認知的侵入可能性とは異なる種類の現象であることに注意しよう。認知的侵入可能性は、記憶や知識といったすでに蓄えられていた情報の影響により外界の情報を受け取る知覚が変化するというものであり、トップダウンな制御と言われる。他方でマルチモダリティは、それぞれの感覚モダリティが受け取った外界の情報が調整されるというものであり、その点でボトムアップな相互作用だと言える。とはいえ、異なる感覚モダリティが得たボトムアップな情報が食い違っており、さらに、どちらのモダイリティを重視すべきかが決まらない場合には、トップダウンな制御により知覚が確定するということはありうる。）

以上を考慮するなら、聴覚の対象である音は、視覚によっても聴覚によっても捉えられ、視覚・触覚情報と調整されるものだと言えるだろう。そうであるなら、知覚的意識に現れる音は、音波ではなく、音波を生み出した物体の振動だと考えられる。というのも、聴覚システムの働きは視覚や触覚では捉えられるものではなく、空気中を移動する音波は視覚では捉えられないものだからだ（肌では捉えられるが）。そのため、音を聴覚システムの働きと同一視する近位説と、音を音波と同一視する中位説は、音が何であるかについての説明としてふさわしくない。マルチモーダルな知覚の情報処理に最も適合するのは、音と物体の振動を同一視する遠位説なのである。

音は目に見えないし触れないとよく言われる。確かに、音量・音高・音色といった性質は、色が視覚でしか知覚できないように、聴覚でしか知覚できないものである。だが、それら聴覚的な性質の担い手である音は、物体の振動と同一であり、見たり触ったりできるものなのだ。

注

1　ピタゴラス流の伝統では、音楽は運動の数学的な調和だとされていた。そのため、たとえば惑星同士の運動に調和があれば、そこに惑星が奏でる音楽が存在していることになる（Ferguson 2008: chap. 7）。そうした「天球の音楽」は、もちろん、人間が聴くことのできるものではない。だが、その流派によれば、音楽が存在するかどうかは数学的調和があるかどうかで決まり、人間が聴くことができるかどうかはまったく問題ではないのだ。現代でこうした考えを真剣に信奉している人がどれだけいるか定かではないが、とはいえ、聴取経験に焦点を合わせている本書では、人間が聴く音楽を扱い、「聴こえない音楽」については立ち入らない。

2　Pasnau（1999）では音の性質説が主張されているが、後の論文（Pasnau 2009）では出来事説（なかでも次に説明する遠位説）に立場が変わっている。彼は色と音とを同じように分析するという方針をとっており、前の論文では音は色と同じく性質だと主張しているが、後の論文では、むしろ色を出来事とみなすべきだと主張している。また Cohen（2010）は、色や匂いといった知覚可能な性質に統一的な説明を与えるという観点から、出来事説に疑問を投げかけている。

3　音波も媒質となる物体の振動であり、音源と言われる物体の振動と同じ種類の出来事であるが、両者は因果関係の関係項として形而上学的に区別される。たとえば、ボールがぶつかることが原因となってガラスが割れるという結果が生じた場合、原因と結果は異なる出来事である。それと同じように、音源の物体が振動するという出来事とそれによって媒質が振動させられるという出来事は異なるものだと考えられるのである。

4　実のところ、第四の立場として非空間説（aspatial theory）というものがある。それは、音は空間的位置をもたないと主張する立場だ。とくに、ピーター・ストローソンが『個体と主語』の第2章で行なった思考実験が有名だろう（Strawson 1959）。ストローソンは、客観的な存在者の概念には空間の概念が含まれているというカント的見解を考察するなかで、非空間的な聴覚経験や、その対象となる非空間的な音というものが想像可能であると述べている。とはいえ、カント哲学に関する考察や思考実験を離れると、この立場はほとんど支持されていない。心理学などの経験的研究では、空間情報を与えてくれる聴覚的知覚に関する研究が数多くあるのにもかかわらず、空間情報を完全に欠いた純粋聴覚経験の想像可能性を重視しなければならない理由はほとんどないように思われるからだ（こうした批判については、村田［2019: chap. 5］, Casati and Dokic［2010］; O'Callaghan［2014］を参照）。

また、非空間説の支持者として有名な別の人物にロジャー・スクルートンがいる（Scruton 1997; 2009）。スクルートンは、音は音源となる物体の振動の空間的位置を把握できなくとも知覚でき、振動する物体とは別のものとして聴かれているという点から、音は空間性をもたないと主張している（スクルートンの見解について、詳しくは田邉［2018］を参照）。しかし、私の理解する限り、実のところスクルートンが音の非空間説を支持する理由は、音楽知覚にある。音楽を聴くとき、人は、それを生み出した楽器や演奏者と音とを切り離して聴いている。ここからスクルートンは、音楽知覚において音が物体から切り離されているなら、音楽を構成する音も物体から切り離されたものとして聴いているはずだ、と主張しているようにみえるのだ。だが、音楽知覚において音と物体が切り離されているというのは、単に注意の問題だとも考えられる。音楽を聴くときに、人はその空間的位置を把握することができるが、それよりも音量・音高・音色の関係や調性に注意を向ける傾向にあるだけなのだ（こうした批判は、村田［2019: chap. 5］、Casati and Dokic［2010］で提示されている）。さらに、スクルートンとは異なり本書は次章で、音楽知覚にも物体知覚が関わってくると主張したい。

5　Casati and Dokic（2010）とO'Callaghan（2007）はどちらも遠位説に分類されるが、微妙に立場が異なっている。前者は、音は物体の振動のみから構成されていると主張しているが、後者は、音は物体の振動が付近の媒質をかき乱すこと（disturbing）だと主張している。前者の場合、真空中のような媒質がない状況でも物体が振動すれば音がしていることになるが、後者の場合、媒質がなければそのかき乱しもないため、媒質のない状況では音は存在していないことになる。両者は、音は物体の振動のみから構成されているのか、さらに媒質も関わるのか、という点で対立しているのだ（前者は定位出来事説［the located event theory］、後者は関係的出来事説［the relational event theory］と呼ばれている）。ここではより単純な前者を採用するが、以下で説明する議論はどちらのバージョンでも利用できる。

6　ここでの議論は、色の恒常性における見え方の違いは照明条件の違いに対応するという考え（Hilbert 2005）を聴覚に当てはめたものである。ただし、こうした恒常性の説明にも反論の余地があるかもしれない。詳しくは小草（2017）を参照。

7　つまり、人間が聴くことができるものは音だけではないということだ。また、音と環境の他にも聴覚対象があると考えられる。たとえば、ある音が止まって次の音がするまでの音の隙間（silence）だ。音の隙間の知覚については、源河（2017）第6章「音の不在の知覚」でまとまった議論を提示してある。

8　この実験はイグ・ノーベル賞の栄養学賞を受賞しているが、受賞者の一人であるチャールズ・スペンスはマルチモーダルな味わいに関する見解を本にまとめており、邦訳も出版された（Spence 2017）。

9　本書の執筆が終わる頃に刊行されたため十分に取り上げることができなかったが、村田（2019）では、マルチモーダル知覚と知覚の現象学に関する興味深い考察がなされている。

第7章　環境音から音楽知覚へ

前章では、音は物体が振動するという出来事であり、複数の感覚モダリティで捉えられるマルチモーダルな知覚対象だと述べた。そうすると、音から構成されている音楽もマルチモーダルに知覚されうるのではないか、という考えが浮かんでくるだろう。

だが、その前に検討すべき問題がある。前章で取り上げていたのは、木が倒れて地面に衝突した音を聴く場合など、環境音の知覚だった。しかし、自然に発生する環境音とは異なり、音楽は作曲者や演奏者によって生み出された音である。この点で、環境音と音楽をすぐさま同一視することはできない。そのため、環境音の知覚と音楽の知覚を単純に同一視することもできないだろう。音楽もマルチモーダルに知覚されるものだと主張する前に、環境音と音楽の何が違うのかを考える必要があるのだ。

本章では、まず音楽とは何であるかを考察し、そのうえで、音楽聴取とマルチモーダル知覚がどのように関わるかを検討しよう。

1　音楽とは何か

芸術としての音楽

音楽は音を使った芸術だが、「芸術」という言葉には注意すべき点がある。音楽や絵画、彫刻といったものが芸術であることは誰でも認めるだろうが、日常的には、綺麗に決まった一本背負い、雄大な自然風景、絶妙な配合のカクテルも「芸術的／アートだ」と言われたりする。この場合の「芸術的」は、「素晴らしい」「卓越した」とおおよそ同義である。「芸術的な一本背負い」は「素晴らしい一本背負い」と言い換えてもほとんど遜色ないだろう。

こうした使い方は「芸術」の「評価的用法」と言われる（Weitz 1956）。「芸術的だ」と言われる一本背負いは、初心者や中級者がやる一本背負いよりも卓越しており、その意味で高く評価されている。評価的用法としての「芸術的」は、称賛を含んでいるのだ。[1]

これに対し、本章で注目したいのは別の用法、「記述的用法」である。それは、ある対象が芸術という種類に属すものだと述べているだけで、称賛を含んではいない。その用法は、「あれは犬だ」という場合の「犬」と同じである。この表現は、特定の対象が犬という種類に分類されるという事実を述べているだけであって、その犬が可愛いとか賢いとかいったことは意味されていない。同様に、ある絵画が上手なのか下手なのかには中立的に「この絵画は芸術だ」と述べる場合、その「芸術」は記述的用法として用いられている。[2]

二つの用法の違いを理解するために、次の例を考えてみよう。ダンスの初心者が最初は下手だが、そのうち上達していき、ある時点で素晴らしいダンスを踊れるようになったとする。この人は、最初から一貫して記述的な意味で「芸術的」なことを行なっている。だが、それが評価的な意味で「芸術的」と言われるのは、卓越した技術で踊れるようになってからだ。同様に、明らかにひどい彫刻や構図がめちゃくちゃな絵も、称賛されはしないが、記述的な意味では芸術である。

では、記述的な意味で芸術と言える音楽とは何だろうか。

音楽の重要な要素として、メロディ、ハーモニー、リズムの三つがよく挙げられる。これら三つは典型的な西洋音楽にみられるものだ。だが、他の地域の音楽や、アンビエント・ミュージック、ノイズ・ミュージックには、メロディやハーモニーを欠くものがたくさんある。そうすると、残ったリズムが音楽を特徴づける最も重要な特徴で、音楽とはリズムをもつ音の配列のことだと考えられるかもしれない。しかし、話はそう単純ではない。というのも、発話にもリズムがあるが（さらには音程の変化もあり、メロディと同様の特徴をもつが）、ふつう発話は音楽とはみなされないからである。「あの人の喋りはもはや音楽だ」と言われることはあるが、それは前述の評価的用法だろう（ラップやトーキング・ブルースの語りは記述的な意味で芸術としての音楽と言えるが、それらは問題なく音楽と認められる演奏にのっている）。

では、記述的な意味で、音楽と音楽でないものはどこで区別されるのだろうか。両者の境界線はどこにあるのだろうか。

だが、音楽に限らず芸術に関しては、明確な境界線を引くことは不可能だとよく言われる。その理由の一つは芸術家の実践にある。芸術家は、既存の「芸術」概念から逸脱した新しいものを作ろうとする傾向にある。現代アートなどはとくにそうだろう。たとえばデュシャンの《泉》は、芸術作品とは作者が作り出した美しい作品という考えが当然であるなか、「既製品の便器が芸術と言えるなんて！」という新しい洞察をもたらし、なおかつ、その洞察を与えてくれる点が芸術として評価される主なポイントとなっている（詳しくは西村清和［1995: chap. 1］を参照）。また、オノ・ヨーコのアルバム『フライ』に収録された《トイレット・ピース／アンノウン》は、トイレの水を流す音を録音したものであるが、それは音楽の典型例からかなり逸脱しており、それを聴いた人の多くは、これが本当に音楽なのか疑うだろう。

注意すべきだが、音楽と音楽でないもののあいだに明確な境界線を引くことはできなくとも、「音楽」と「音楽でないもの」という区別がまったく無意味になるわけではない。言い換えると「音楽なんて存在しない」とか「すべてが音楽だ」ということにはならないのだ。それは、ここまでは黒でここからはグレーだという境界線を引けないからといって、「黒」と「グレー」の区別がなくなるわけではないことと同じである。黒なのかグレーなのか判定しがたい微妙な色があるとしても、これは明らかに黒であってグレーではないと判定できる色が存在することは確かである（同様に、明らかに黒ではないグレーも存在する）。そのため、「黒」と「グレー」という分類は依然として使えるものだ。一般的に言って、二つのカテゴリーのうちどちらに属するのか判定しがたい境界事例があること自体は、その二つの区別がまったくないという考えを支持する理由にはならないのだ。

音楽にも同様のことが言える。《トイレット・ピース／アンノウン》のように、音楽なのかどうかについて議論の余地があるアバンギャルドな作品はあるが、ベートーヴェンの交響曲第九番やローリング・ストーンズの《ジャンピン・ジャック・フラッシュ》が典型的な音楽であり、木が地面に倒れた音が典型的な音楽ではないことは明らかだろう。

合目的性の鑑賞

だがここで、「木が倒れた音も音楽ではないか？」という疑問が出てくるかもしれない。現代音楽に詳しい人ならジョン・ケージの《四分三十三秒》を思い出すはずだ。この作品では全楽章を通してタチェット（音を出さない）という指示が与えられている。そのため演奏者はピアノを前にしても鍵盤を押さず、ピアノの音を出さない。演奏者がピアノから音を出さないと、鑑賞者には会場でしている環境音が際立って聴こえてくるだろう。ジョン・ケージはこの曲によって、音はどこにでも存在し、完全な無音を経験する機会がないことを気づかせた（完全な防音室に入っても、自分の体内の音が聴こえてきてしまう）。さらにそこからケージは、音楽はどこにでも存在すると主張したのである（Cage 1961: 8）[3]。

だが、ケージの主張は手放しで認められるものではない。問題の一つとして、音がすべて音楽であるなら、「音楽」というカテゴリーが不要になってしまう、ということが挙げられるだろう。そもそも、言葉やカテゴリーは何かと何かを区別するものである。もし地球上に存在する生物が人間しかいなかったら、「人間」という言葉を使う場面はないだろうし、その言葉が発明される可能性は低いだろう。人間というカテゴリーは、人間以外の動物が存在するから必要になるものなのだ。同様に、すべての音が音楽であるなら、「音楽」という言葉をわざわざ使う必要はなくなってしまうだろう。

また、かりに「音はすべて音楽だ」という意味で「音楽」という言葉を使うことを認めたとしても、木が倒れる音と《ジャンピン・ジャック・フラッシュ》のあいだに何の区別もないということにはならないように思われる。たとえ環境音も含む「音楽」カテゴリーがあっても、その下位分類として、《ジャンピン・ジャック・フラッシュ》や《交響曲第九番》を含むが、木が倒れた音は含まないような、「より音楽らしいもの」というカテゴリーができるのではないだろうか。たとえば、《四分三十三秒》に関する本を読み、環境音を含む「音楽」概念を理解したあと、あなたは「音楽を聴きたいから何かかけてくれ」と友人に言ったとする。このとき友人が「いま雨が降っているので、雨音という音楽が流れているじゃないか」と言ったら、「いや、そういうことじゃない」と思うはずだ。あなたが「何かかけてくれ」と言ったときに期待していたのは、より音楽らしいものが流れることではないだろうか。音ならなんでもいいというわけではないはずだ。そうであるなら、音がすべて音楽だとしても、環境音と典型的な音楽は依然として区別され続けているはずである。

では、環境音と典型的な音楽の違いは何に由来するのだろうか。その一つは、本章の冒頭で述べたように、典型的な音楽は作曲者や演奏者といった人による介入がある点である。音楽を構成する音は、物理的な振動であるという点では環境音と同じだが、どういう音をどのタイミングで生じさせるかを人がある程度コントロールしている。芸術作品は自然物とは異なり、人が生み出した人工物なのだ。

聴取に関しても、環境音と音楽には違いがある。環境音と音楽は同じように鑑賞されていないのだ。というのも、人は他人の行為および行為の所産に非常に敏感であるからだ。セオドア・グレイシックはカントの「合目的性の鑑賞」という考えを引用してこの点を説明している（Gracyk 2013: chap. 2）。

たとえば、自然に生えた林と、人が作り出した防風林を区別することは簡単だろう。防風林は、自然の林とは異なり、何らかの規則にしたがって並べられている。人はそうした規則をすぐに見抜き、その林は人によってコントロールされたものだと気づく。人は、他人が何かしらの目的をもって行なった行為の所産をすぐさま発見できるのである。同様に、人によってコントロールされた音は、自然に発生した音とは異なり、誰かが目的をもって発生させたものだと容易に気づけるだろう。

注意すべきだが、何か目的があってなされたものだと気づくことは、その目的を完全に理解したり、それに同意したりすることと同じではない。規則的に並んだ木を見た人は、それが強風を防ぐためのものだとは気づかず、単に誰かが等間隔で木を植えたとしか気づかないかもしれない。あるいは、林業の専門家なら、「ちゃんとした防風林を作りたいならこの間隔は駄目だ」と思うかもしれない。このように、強風を防ぐためという目的に気づかずとも、あるいは、強風をちゃんと防ぎたいならこれでは駄目だと思いつつも、目の前の林は人によって作られたものだと気づくことができるだろう。

音楽にも同様のことが言える。グレイシックが指摘しているように、ドイツのナショナリズムの推進を目的としたワーグナーの《ニュルンベルクのマイスタージンガー》は、ナショナリズムが何なのかわからない人も、それに反対する人も、音楽として聴くことができる。作曲者の目的が何であれ、聴き手は、この曲は誰かが何らかの目的に沿って並べた音の配列だと気づくことができるのである。

まとめると、音楽は環境音とは異なり、人による行為の所産であり、さらに、人の行為の所産として鑑賞されるものである。芸術としての音楽と自然発生した環境音はこの点で違うものなのだ。

ここで、次の疑問が浮かぶかもしれない。環境音にも典型的な音楽と同じように、美しく、聴き手の心を動かすものがある。たとえば、ハイキングで耳にした滝の音は、ヒーリング・ミュージックと同じように人をリラックスさせる効果をもつ。このような環境音は、典型的な音楽と同じように聴取されているのではないだろうか。

確かに、環境音が人の心を動かすことがある。だがそれは、自然物も美的性質をもち、美的経験をもたらすからにすぎない。第2章で述べたように、美的性質は芸術作品だけでなく自然物ももちうるし、人間は芸術作品だけでなく自然物を対象とした美的経験をもてる。だが、芸術作品を対象とした美的経験は、その対象が人間の行為の所産である点を踏まえたものになっている。環境音にも音楽と同等に美しいものがあるが、音楽の場合には、美的判断に「その美しさを人が作り出した」という観点が入り込む。人間は他の人間が作り出したものに敏感であるという傾向が、もし進化的に獲得されたものであるなら、「人が作り出したものである」という点を無視して音楽を聴くのはかなり難しいだろう。人には、誰かの何らかの目的が介在することに気づかざるをえない仕組みが生まれながらに備わっているということになるからだ。

2　音楽を見る、音楽に触れる

音楽パフォーマンス

次に、人間の行為の所産として聴かれている音楽とマルチモーダル知覚がどう関わるかを検討しよう。

前章では、マルチモーダルに鑑賞される音と同一視される出来事として、地面とぶつかった木などを挙げていた。では、音楽と同一視されるのはどのような出来事だろうか。

まず、ギターの弦やドラムの打面（ヘッド）、サックスのリードといった、演奏者が直接操作する部分の振動が挙げられるだろう。さらに、ギターのボディが変われば弦の振動も変わり、ドラムやサックスの胴体が変わればヘッドやリードの振動も変わる（もちろん、ボディや胴体も振動している）。そのため、ギター、ドラム、サックスといった楽器全体を音源と同一視してよさそうだ。

だが、音楽と同一視される出来事はさらに広範囲のものを含むかもしれない。たとえばフィリップ・アルパーソンは、演奏者の身体も音楽の一部であると述べている（Alperson 2008）。というのも、ギターの弦をピックで弾くか指で弾くか、指を使うにしても弦を指ではじくのか弦を叩く（タッピングする）のかの違いで音が変わるし、ドラマーの力加減やサックス奏者の口や舌、肺の動きが変われば音も変わってくるからである。そうすると、音楽と同一視される出来事は、演奏者が楽器を使って行なうパフォーマンス全体だと考えられるだろう。

ここで、パフォーマンスについて少し説明しておこう。パフォーマンスは行為の一種だが、道を歩いたり食事をしたりするといった普段の何気ない行為とは異なる点がある。パフォーマンスの美学研究を行なっているデイヴィッド・デイヴィスによれば、パフォーマンスは、鑑賞者から評価されることを意図し、そして、その意図によって導かれている行為である（Davies, D. 2011: chap. 1）。重要なのは、行為をしているときの身体の物理的な運動ではなく、鑑賞者の評価が重視されている点だ。たとえば歯を磨くという日常的な行為も、行為者がその磨きっぷりを誰かに見られることを念頭において行なえば、たとえ普段の歯磨きと物理的な動きとしてはまったく同じでも、パフォーマンスとなる（映画のなかでの歯磨きのシーンで、役者はパフォーマンスを行なっている）。また、行為者が鑑賞者から評価されることを念頭においた行為は、鑑賞者が実際にいなくとも行なえるものである。たとえば音楽でも演技でも、練習やリハーサルに鑑賞者はいないが、行為者は「もしいたらこう評価されるだろう」ということを念頭に置いて行為しているだろう。

音楽に話を戻すと、知覚対象としての音楽は、楽器を使って行なわれるパフォーマンスだと言えそうだ。しかし、パフォーマンスの鑑賞は少なくとも二種類に分けられる。生演奏の鑑賞と録音物の鑑賞だ。

生演奏の場合、演奏者が目の前に存在し、パフォーマンスを視覚的に知覚することが可能である。しかし、録音されたパフォーマンスは鑑賞とは別の場所・時間に生じたものであり、それを眼で見ることはできない。録音物を再生しているスピーカーの振動は鑑賞と同じ時間に生じているものだが、録音されたパフォーマンス自体は過去に生じたものである。たとえば、一九六九年八月十八日のウッドストック・フェスティバルでジミ・ヘンドリックスによって演奏された《星条旗》は録音されており、現在でも、その音源を再生して聴くことができる。だが、前章で述べた通り、一九六九年に会場で演奏された《星条旗》と現在スピーカーから流れている《星条旗》は、タイプとしては「同じ曲」だが、トークンとしては異なる出来事である。そして、一九六九年のトークンそのものは、現在知覚できるものではない。現在知覚することができるのは、同じタイプに属する別のトークンなのだ。

そのため、生演奏はマルチモーダルに鑑賞されるが、録音物はそうではないと言わざるをえない。

だが、この点に関して疑問をもつ人がいるかもしれない。生演奏も録音物でも、音楽を鑑賞している点は同じなのに、鑑賞法が変わってくるというのはおかしいと思われるかもしれないのだ。

この疑問に答えるために、ここで谷口文和の主張を援用したい（谷口 2010）。谷口は、録音物である「レコード音楽」と生演奏である「ライヴ音楽」は、映画と演劇がそうであるように、異なる形式の芸術だと主張している。カメラワークやカット編集といった技術が駆使される映画と、そうしたものが使われない演劇とでは、同じ原作に基づいていても、異なる形式の芸術作品だと言える[4]。それと同じように、たとえ曲は（タイプとして）同じでも、さまざまな録音技術が駆使されたレコード音楽と、生演奏であるライヴ音楽は異なる形式の芸術になっているのだ（とくに谷口は、レコード音楽とライヴ音楽とでは、経験される音楽の空間性が違うことを強調している）[5]。

ライヴ音楽とレコード音楽が異なる形式の芸術作品であるなら、両者では適切な鑑賞法が異なっていると主張する余地が出てくる。というのも、芸術作品の形式の違いに応じて適切な鑑賞法が異なると考えることは不思議ではないからだ（たとえば、映画と演劇とでは適切な鑑賞法が異なっている）。ここから、マルチモーダル知覚はライヴ音楽の鑑賞に関わるものだと主張することができそうだ。

マルチモーダルな音楽鑑賞

すでに述べたように、ライヴは視覚的にも鑑賞される。それは当然のことだと考えられるかもしれない。実際、パフォーマーは服装や楽器の弾き方の見栄えにも気を使っている。だが、ここで主張したいのは、マルチモーダル知覚という観点からすると、視覚情報がライヴパフォーマンスの美的性質に緊密に関わってくるということである。

音楽のマルチモーダル知覚の例として、ベンス・ナナイは、ニコラウス・アーノンクールの指揮を挙げている（Nanay 2012）。アーノンクールが指揮をするときの腕の動きは、普通は最小限の無駄のないものだが、曲の重要な場面では激しいものとなる。すると、その見た目により曲がもつ形式的特徴が強調されるというのである。この点は、知覚システムは指揮者の腕の動きも曲を構成するパフォーマンスの一部として扱っていることを示唆している。また、私が思いついた別の例としては、ザ・フーのギタリストであるピート・タウンゼントのウインドミル奏法が挙げられる。通常、ギターでコードを弾くなら肘もしくは手首を上下に動かして弦をかき鳴らせばよいが、ウインドミル奏法とは、まっすぐに伸ばした腕を肩関節から風車のように一回転させて弦をかき鳴らすというものである。このダイナミックな腕の動きは、鳴らされている音をよりダイナミックなものとして聴かせる効果があるだろう。

ここで、作曲者は指揮者の腕の動きを考慮して曲を作ったわけではないのだから、腕の動きは鑑賞に無関係ではないかと思われるかもしれない（ピート・タウンゼントは作曲もしているので、ここではアーノンクールを例にしよう）。だが、目の前で行なわれているパフォーマンスはマルチモーダルに知覚されるものだという点からすると、視覚によって捉えられる情報は、音楽パフォーマンスの鑑賞にとって付帯的な（切り離せる）ものではない。さらに言えば、パフォーマンスを聴覚のみでユニモーダルに知覚する経験は、パフォーマンスをマルチモーダルに知覚する経験の一部でもない。というのも、聴覚情報と視覚情報は意識下で調整され、意識にのぼる段階では混ざりあった分離不可能なものとして経験されているからである。[6]

この点を理解するためには、前章で挙げたマガーク効果を思い出すのがいいだろう。それは、「ガ」という口の動きを見ながら「バ」という音を聴くと、「バ」でも「ガ」でもなく「ダ」に聴こえるというものだった。マルチモーダル知覚が働いた結果として聴こえる「ダ」は、「バ」の聴覚情報に「ガ」の視覚情報が加わったものではない。視覚が聴覚と共同することで、「バ」でも「ガ」でもない、「ダ」という音が聴こえているのである。この点を踏まえると、ユニモーダルに聴覚だけで捉えられて意識に現れる音と、マルチモーダルに捉えられて意識に現れる音は、いくつかの聴覚的性質が類似していても、異なる対象だと言えるだろう。ユニモーダルに捉えられた対象は、マルチモーダルに捉えられた対象の一部ではないのだ。

この点は音楽パフォーマンスの知覚にもあてはまる。マルチモーダルに知覚された音楽と、ユニモーダルに知覚された音楽は、いくつかの聴覚的性質が類似してはいるが、異なる対象と考えるべきなのである。

ここで重要になってくるのが美的性質の付随性である。第2章で説明したように、ダイナミックさ、優美さ、けばけばしさといった美的性質は、色や形といったそれ自体は美的でない性質の集まりに依存するものであり、さらに、美的性質を知覚するためには、それが依存している非美的性質を知覚する必要があるのだった。たとえば、絵画の一部の色や形を見落とすと、誤った美的性質を知覚してしまい、誤った美的判断を下してしまう、ということである。

同様のことがパフォーマンスと同一視される音楽にも言える。演奏された音楽がもつ美的性質を適切に捉えるためには、それがもつ非美的性質をすべて正しく捉えなければならない。そして、パフォーマンスがもつ非美的性質には視覚的特徴も含まれる。そうすると、視覚的特徴を見落として下された音楽についての美的判断は、絵の一部を見落として下された美的判断と同じく、音楽がもつ美的性質を捉えそこなっている誤った判断だということになるだろう。

ここで注意すべき点がある。マルチモーダル知覚は、それぞれの感覚モダリティが同一の対象の情報を得て、そうした情報が調整されるというものだった。重要なのは、「同一の対象」の範囲である。先ほど述べた通り、ステージ上で演奏している人の服装や動きは、演奏というパフォーマンスを構成するものであり、そのため聴覚情報と調整されるものだろう。だが、演奏を聴いている客席で隣の人と足がぶつかったときの触覚情報や、隣の人がした咳の聴覚情報は、演奏の知覚情報と調整されるものではない。というのも隣の人の足や咳は、パフォーマンスという対象の一部として知覚されていないからだ。そのため、演奏と同一の対象とみなされない観客の知覚情報は、マルチモーダルな美的付随性に関わるものではなく、むしろ、パフォーマンスの知覚情報を邪魔するものだと言えるのである。

だが、どの程度のものが「同一の対象」となるかは、ジャンルによって違いがあるかもしれない。たとえば、ロックバンドのオアシスのライヴでは観客がボーカリストであるノエル・ギャラガーやリアム・ギャラガーと一緒に大合唱するが、オアシスのライヴでは観客が歌うものだという合意がとれている。この場合、観客の歌声も鑑賞対象の一部と言えるかもしれない。また、すし詰め状態にある前列では、自分や他の客がリズムに合わせて体を動かして踊っていたり、興奮で押し合いになったりしていたりするのを感じざるをえないが、そうした触覚情報も鑑賞対象の一部となっている可能性がある。ロックバンドのライヴはそのように鑑賞されるべきものかもしれないのだ（また、ダンスミュージックの適切な鑑賞にはダンスが不可欠かもしれない）。他方で、しっとりとした歌声を聴かせるアーティストのライヴでは、他の客の知覚情報は鑑賞を邪魔するものでしかないだろう。

本章では、このジャンルではここまでがパフォーマンスである、という目安を与えることはできない。それを与えるためには、ジャンルの成立や受容に関する音楽史や音楽批評を使った考察が必要になるだろう。

とはいえ、ここまでの考察から引き出せる教訓がある。それは、パフォーマンスを行なう側は人間の知覚のあり方に気を使わなければならない、ということだ。いくら演者が「ここの腕の動きはみんなそんなに気にしないだろう」と思っても、鑑賞者の知覚システムは腕の動きの視覚情報を勝手に拾い上げ、それと聴覚情報とを統合させた美的経験を生み出してしまう。マルチモーダル知覚は、自分の周りの環境についてより正確な情報を得るための働きであり、自動的に生じる通常の知覚だ。そのため、腕の動きの視覚的特徴が美的性質に関与するのを防ぎたいなら、鑑賞者のマルチモーダル知覚を阻害するそれなりの工夫が必要になるだろう。

本章では、聴取経験とマルチモーダル知覚に関する考察を行なったが、次章以降、本書の残りでは、音楽と情動の関係に焦点を合わせたい。音楽は情動と深く結びついているとよく言われるが、その結びつきに関して自然主義の心の哲学から何が言えるかを検討しよう。

注

1　Art はもともと「術」という意味であり、リベラル・アーツとかマーシャル・アーツとか言われる場合のアーツは術を指している。術としてのアートから芸術としてのアートへの移り変わりは、西村清和（1995: chap. 2）を参照。

2　評価的用法は「芸術」に限られない。たとえば、「有効でポイントを稼ぐのは本物の柔道ではない。柔道は一本で決めるものだ」と言われるときの「柔道」も評価的な意味で使われている。同様に、「こんなの音楽じゃなくて騒音だ」「これこそ本物の哲学だ」といったものも評価的用法だろう。

3　《四分三十三秒》が音楽であるかどうかについてはかなりの議論がある（Davies S. 2003: chap. 1; Dodd 2017; Kania 2010; Levinson 2011: chap. 11）。

4　編集技術の点から芸術形式を区別する考えはヒューゴー・ミュンスターバーグに遡れるだろう（Münsterberg 1916）。

5　音楽アルバムには「ライヴ盤」や「ライヴ音源」と呼ばれるものがあるが、谷口の分類からするとそれもレコード音楽でありライヴ音楽ではないだろう。というのも、ライヴ盤にもさまざまな編集技術が駆使されているからだ。そこでは、ギター、ベース、ドラムといった各パートのバランスが、録音物として聴かれることを考慮して調整されており、生演奏をライヴ会場で鑑賞した誰かの経験の再現となっているわけではない。一発録りについても同様である。

6　作曲者によって作り出される曲は音の配列の抽象的タイプであり、音楽鑑賞とはそうしたタイプを評価することだと考えるなら、視覚情報は曲の鑑賞に無関係だと言えるかもしれない。だが、ここで問題になっているのは、演奏パフォーマンス、ライヴ音楽というトークンである。そして、それはマルチモーダルに知覚されるものだ。

第8章　聴こえる情動、感じる情動

日常的な体験からわかるように、音楽は人の心を動かす強い力をもっている。また、「楽しい曲」や「悲しいメロディ」のように、音楽の特徴が情動用語で記述されることも多い。しかし、音楽はどういった情動をどのようにして喚起するのだろうか。また、音楽の記述に情動用語が使われるのはなぜだろうか。

ひょっとすると、音楽と情動の結びつきは、わざわざ哲学的な考察をしなくとも日常的な体験から明らかだと思われるかもしれない。だが、日常的な理解や常識がすべて正しいとは限らない。また、音楽と情動というテーマは多くの人が興味をもつようなものであり、だからこそ、間違っていたり不明瞭であったりする考えも広まってしまっている。さらに、そうした考えが音楽体験そのものを歪めてしまうこともある。

そのため、音楽と情動の関係について検討するためには非常に注意が必要となる。本章は、注意深く考察を行なうための準備を整える作業に充てることにしよう。

1　音楽の悲しみと聴き手の悲しみ

表出的性質

音楽と情動の問題を考えるうえでは、まず、音楽の特徴として「知覚される情動 perceived emotion」と、音楽を聴いた人が「感じる情動 felt emotion」を区別しなければならない。前者は、「音楽のうちにある情動 emotion in music」であり、後者は「聴き手のうちにある情動 emotion in listener」だ。

聴き手のうちにある情動は、音楽を聴いた人が抱く心的状態としての情動である。心的状態としての情動は、第4章で説明した通りだ。他方で、音楽のうちにある情動は、たとえば、「悲しいメロディ」というときの「悲しみ」のことである。こちらは心的状態ではない。むしろ音楽のうちにある情動は、次に説明する「表出的性質」と呼ばれるものである。

音楽に限らず、絵画でもダンスでも、芸術作品・パフォーマンスの特徴を記述するために、「悲しい」「怖い」「喜ばしい」といった情動用語がよく使われる。こうした場合に、情動用語を使って記述されている特徴は、表出的性質／表出的性格（expressive property/—quality/—character）や表出性／表現性（expressiveness）と呼ばれる。

「悲しい音楽」の「悲しみ」は、音楽の特徴として聴かれているものである。別の言い方をすれば、表出的性質は音楽に知覚的に帰属させられる性質である。特定の音響・音楽的性質をもつメロディが「ダイナミック」や「優美」に聴こえるように、特定の音響・音楽的性質が「悲しく」聴こえるのだ。

だが、表出的性質は情動用語を使って記述されるという点で特殊なものである。心をもたない音楽を「ダイナミック」「優美」と記述することにとくに問題はない。こうした用語の適用（およびその用語が指している美的性質の帰属）にとって、対象が心をもつかどうかは問題ではないだろう。それと比べると、「悲しみ」という用語の適用には不自然な点がある。当然ながら、音楽は心をもつ主体ではないからだ。「悲しい人」は、何らかの喪失を経験し、それに対する反応として各種の身体反応が生じ、悲しい感じを経験している人のことだが、「悲しい音楽」はそのように悲しみを抱いているわけではない。音楽は音の連なりであり、情動をもつために必要な身体基盤もなければ、音楽そのものが価値に反応することもない。そのため、音楽への情動用語の適用を、文字通りの情動状態の帰属とみなすことはできないのである。

しかし、情動用語が使われているからには、本物の情動と音楽がもつ音響・音楽的性質とのあいだに、情動用語の適用を促す何らかの関係があると考えられるだろう。その関係とは一体何なのか。それが表出的性質の問題である。

表出的性質は音楽がもつ性質だという点をもう少し強調しておこう。ひょっとすると、「悲しい音楽はどういう意味で悲しいのか」という問題を聞いて真っ先に思い浮かぶ答えは、「悲しみを喚起する音楽だ」というものかもしれない。しかし、表出的性質に関する議論で問題になっているのは、鑑賞者が自身のうちにあるものとして経験する情動ではなく、音楽がもつものとして経験されている性質である。O・K・バウズマの次の主張はこの点を簡潔に述べたものとして頻繁に引用される。「音楽にとっての悲しみは、サイダーにとってのゲップではなく、リンゴにとっての赤さのようなものだ」（Bouwsma 1950: 100）。表出的性質としての悲しみは、サイダーを飲んだ人が出すゲップのように、対象と関わった結果として主体の側に生じるものではない。むしろ、リンゴを知覚した主体がリンゴの特徴として見て取る赤さと同様に、鑑賞者が曲の特徴として聴き取るもの、対象の特徴として認識されるものなのである。そのため、表出的性質は、音楽がもつ性質として説明される必要があるものなのだ（Levinson 1996: chap. 6）。

問題点の整理

表出的性質に関する議論では、一定の音響・音楽的性質、音の配列になぜ情動用語が適用されるのかということが問題になっている。だが、情動用語の適用には、音響・音楽的性質ではない要因が大きく影響する場合もある。つまり、音楽そのものではなく、音楽に付帯する要因が情動用語の適用を決定することがあるのだ。ここではそうした要因をいくつか紹介しよう。

連合

どの曲も連合によって「悲しい」と呼ばれる可能性がある。たとえば、《ジングル・ベル》がよく流れているクリスマスの時期に恋人と別れたとしよう。普通なら《ジングル・ベル》は「明るい曲」や「楽しい曲」と言われるだろうが、恋人との別れがきっかけとなり、《ジングル・ベル》は自分にとって「悲しい曲」になるかもしれない。その理由は、再び《ジングル・ベル》を聴いたときに別れが思い出され、悲しみが生じるからかもしれない。この場合、《ジングル・ベル》を聴くことがきっかけとなって悲しみが生じているが、悲しみを直接引き起こしたのは《ジングル・ベル》ではなく、その曲によって喚起された記憶である。

あるいは、実際に悲しみが生じなくとも、恋人との別れという出来事そのものが「悲しい」と記述するにふさわしい喪失であり、それと結びついているため《ジングル・ベル》も「悲しい」と呼ばれるのかもしれない。悲しみに限らず、過去の経験に依存して、任意の情動用語と任意の曲が個人のなかで結びつく可能性があるだろう。

パブロフの犬の例からわかるように、連合によって、無関係な任意の物事と任意の心的状態が結びつく可能性がある。そのため、過去の経験に依存してさまざまな物事がさまざまな情動の誘因になりうる。しかし、こうした連合が介在しているケースで情動を喚起しているのは、音楽そのものではなく、音楽と連合した物事である。

また、連合は社会的に共有される慣習となりうる。音楽は冠婚葬祭や宗教的儀式に欠かせないものだが、特定の状況で使われる曲は、その状況で抱かれる情動の意味合いを帯びてくる。たとえば、結婚式で使われがちな曲調は「喜ばしい」と言われ、葬式で使われがちな曲調は「悲しい」と言われるだろう。また、長調の曲は楽しく短調の曲は悲しいという印象もこうした慣習で説明されたりする(Kivy 1980: 80–83)。

テキスト、イメージ

「悲しい音楽」と聞いてすぐ思い浮かぶのは、悲しい体験や場面、イメージを描写した歌詞をもつ音楽かもしれない。確かに、そうした歌詞をもつ音楽が「悲しい歌」と言われることは多い。

とはいえ、悲しい歌詞だから「悲しい歌」になるとは限らない。歌詞は悲しい物事を描写したり、悲しい物事のイメージを連想させたりするものだが、曲調は楽しいため、楽しい歌と言われるものもある。そのため、歌曲への情動用語の適用を理解するためには、歌詞の内容と楽曲の音響・音楽的性質の相互作用を考察する必要がある（Smuts 2011）。

ここで音楽の標題（program）にも触れておこう。歌詞をもたない器楽音楽（インストゥルメンタル・ミュージック）のなかには、音楽によって音楽以外のものを表現することを意図して作られ、そうした意図や表現を示唆する標題（題名や文章）がつけられた「標題音楽」というものがある。

その代表例は、ベートーヴェンの交響曲第六番《田園》だろう。この曲は、田舎での生活を音楽で表現したものと言われ、第一楽章には「田舎に到着したときの愉快な感情の目覚め」という題目がついている。この題目のため、第一楽章は「楽しい」とか「喜ばしい」と言われたりする。また、十七世紀から十八世紀にかけて活躍した作曲家マラン・マレの《膀胱結石手術図》は、作者が受けた（当時は麻酔もなく命を落とす可能性も高かった）外科手術の不安や恐怖を示すナレーションがつけられ、また、曲の後半は術後の安堵が音楽で表現されていると言われる。このように情動に関連する標題をもつ曲の場合、当該の情動用語でその曲が形容されることがある。[1]

だが、こうした場合に、情動用語の適用を促したり、聴き手の情動を喚起したりしているのは、音の配列そのものではなく、それと付帯した標題（および、標題が喚起するイメージ）である。

問題となる事例

以上のように、連合やテキストの影響で「悲しい」と呼ばれる曲もあるが、そうした場合の情動用語の適用には、音楽外の要因が大きく寄与している。どの曲にどの情動用語が適用されるかに、そして、どの曲がどういった情動を喚起するのかに、個人的な体験、社会的慣習、言語情報が多大な影響を与えているのである。とくに、「《ジングル・ベル》は悲しい曲だ」というケースなどは、音楽自体がどのような音響・音楽的性質をもつかということと、その曲にどのような情動用語が適用されるかは、ほぼ無関係である。[2]

これに対し、表出的性質に関する議論では、情動用語の適用を促す音楽そのものの特徴とは何かが検討されている。連合や言語の理解で情動用語が決定する場合もあるが、だからといってすべての適用がそうだとは限らない。むしろ、音楽がもつ音響・音楽的性質そのもの、知覚的に聴取されている特徴が情動用語の適用を決定している場合もあるのではないか、その適用はどういう仕組みで成り立っているのか、ということが問題になっているのだ。

そのため、表出的性質に関する議論では「純粋器楽音楽（pure instrumental music）」と呼ばれる音楽が取り上げられることが多い。この形式の音楽は、歌詞や標題をもたず、また、音楽で何かを表現するのではなく、純粋に音の配列を鑑賞させるために作られたものである（抽象音楽［abstract music］、絶対音楽［absolute music］とも呼ばれる）。こうした音楽でも、「悲しい曲」や「楽しい曲」と言われるものもあるため、なぜその記述に情動用語が使われるのかは依然として問題になるだろう。

標題音楽や純粋器楽音楽は主にクラシック音楽の分類だが、他のジャンルでも同様の区別が成り立たないわけではない。たとえば、テクノやアンビエント、ジャズなど、歌がないことが多く、あったとしても歌詞が重視されないジャンルの曲には、音の配列そのものを鑑賞させる目的で作られたものがたくさんあるはずだ。

重要なのは、ここでは次のようなケースを除外したいということである。まず、曲のタイトルや標題、歌詞の意味を知らずにある曲を聴いて、そのときの聴いた感じから「悲しい曲だ」と判定したとしよう。次に、実のところその曲のタイトルや標題、歌詞の意味は楽しい雰囲気を示唆しているものだったと理解した。そのうえでもう一度曲を聴いたときに、言語に基づいた理解だけでなく、聴いた感じも変化し「楽しく聴こえる」となる。そうした曲を除外したいのだ。

むしろ本書で問題にしたいのは、音楽に付帯した言語情報を理解しても、聴こえ方、とくに、表出的性質の認識が変化しない曲である。以降の議論に登場する「音楽」や「曲」は、そうしたものを指すことにする。

表出的性質に関する四つの理論

音楽がもつ表出的性質がどういうものかに関して、代表的な見解が四つある。表出説、喚起説、類似説、ペルソナ説だ。ここでは、それぞれの違いをごく簡単に説明しておこう（より詳しくはこれから先の議論で順に説明する）[3]。

表出説（expression theory）

表出的性質は作曲者（または演奏者）の情動を伝達するものである。たとえば涙は、それを流した人が悲しみを抱いていることを見た人に伝えるが、それと同様に「悲しい曲」は、作曲者が悲しみを抱いたことを観賞者に伝えるものである。

喚起説（arousal theory）

表出的性質は、鑑賞者に特定の感情を喚起する力ないし傾向性である。たとえば、「悲しい音楽」は聴いたら悲しくなる曲のことだ。同様に、楽しい音楽は楽しさを、怖い音楽は恐怖を鑑賞者にもたらすものである。

類似説（resemblance theory）

表出的性質は人の表出行動と似たものとして認知されるものである。たとえば悲しいメロディは、悲しい人の声のように、テンポが遅く音程の上下が少ない（抑揚がない）ものである。

ペルソナ説（persona theory）

表出的性質は情動を抱く架空の人物（ペルソナ）を想像させ、その人の情動の表出として聴かれているものである。「悲しい曲」は、想像された人物の悲しみの表出として聴かれるものである。

このなかでも、本章と次章では表出説と喚起説を取り上げ、類似説とペルソナ説の検討は最終章に譲りたい。表出説と喚起説を先に検討する理由は、それらがあまり支持されておらず、類似説とペルソナ説の方が有力な説とみなされているからである。

2　表出説と喚起説

作者の情動と表出的性質

まずは表出説から検討しよう。表出説によると、楽しい曲とは作曲者が楽しみを抱いたことを、悲しい曲は悲しみを抱いたことを伝える役割を果たす曲のことである。[4] 表出的性質は、表情などの振舞いと同じように、情動伝達の役割を果たすものだというのだ。

ここで一つ注意点がある。表情は、それが作られたときに主体が抱いている情動を表出しているが、音楽はそうではなさそうだ。一つの曲を作るのに何ヶ月もかかったりするなど、作曲には長い時間がかかることがあるのに対し、情動はそれほど長続きしない。作曲者があるときに感じた喜びが、作曲しているあいだずっと持続しているというのは想像しがたいだろう。そのため表出説では、伝えられているのは振り返られた過去の情動だと考えられることになる。表出的性質をもつ音楽の作曲は、過去のある時点で自分が抱いた情動を伝えることを目的として行なわれるということだ。[5]

直観的なわかりやすさに反して、この見解はすぐさま問題に突き当たる。それは、作曲者が抱いた情動状態を記述する情動用語と、表出的性質を記述する情動用語が一致するとは限らない、というものだ（Kania 2017; Zangwill 2004）。恐怖を抱かなければ怖い曲は作れないということはないし、また、作曲者は自分が抱いた悲しみを払拭するために楽しい曲を作ることもあるかもしれない。ある曲が特定の表出的性質をもつために、作曲者がそれに対応する情動を抱く必要はないのである。

グレイシックはさらなる問題を指摘している（Gracyk 2013: chap. 3)。それは、表出説は十八世紀ヨーロッパのロマン派音楽で流行した考えではあるが、すべての音楽に当てはまる説明ではない、というものである。グレイシックが反例として挙げているのは、インド古典音楽（ヒンドゥスターニー音楽）である（グレイシックはラヴィ・シャンカル［Shankar 1968］の見解に基づいている)。彼によると、インド古典音楽の目的は聴き手に情動の印象を与えること（表出的性質を知覚させること）であるが、そこで知覚される表出的性質は、作曲者ないし演奏者の情動ではない。むしろその伝統では、個人的な情動の表出は控えられている。インド古典音楽では、音楽が悟りへの道の手段として用いられており、音楽は、情動的な印象に没頭することで個人性を捨てるための手段として用いられている。この考えは、音楽は作者の情動伝達の手段であるというロマン派的な考えと真っ向から対立する。インド古典芸術では、音楽を使って自分の情動を伝えようという作者の個人性は、消し去られるべきものだとされているのだ。

確かに、芸術は作者の内面の表れであるというロマン派的な考えは、現在でも強い影響力をもっている。だからこそ、表出説は直観的にもっともらしく思えるのだろう。だが、グレイシックによると、表出説はすべての地域や文化の音楽にあてはまる説明ではないのである（表出説には別の問題もあるが、それは第10章で説明する)。

聴き手の情動と表出的性質

次に喚起説を検討しよう。それによると、楽しい曲は聴き手を楽しくさせる曲のことであり、悲しい曲とは悲しみを、怖い曲とは怖さを聴き手に喚起する曲のことである。

この説明は直観的にかなりもっともらしく思えるだろう。たとえば、憂鬱な気分を払拭するために楽しい曲を聴こうと思ったことが誰しもあるのではないだろうか。気分を変えるために楽しい曲を聴くのは、それを聴けば楽しみが喚起されるからではないだろうか。

だが、喚起説もすぐさま問題に突き当たる。一つめは、本章第1節で述べた「知覚される情動」と「感じる情動」の区別ができていないというものである。聴き手に喚起される情動は、主体自身の状態として経験されているものであって、音楽の性質として経験されている表出的性質とは異なるものである。しかし喚起説は、表出的性質を聴き手の情動によって説明しており、音楽がもつ性質として説明できていないのだ。

この問題を理解するために、もう一度リンゴの赤さについて考えてみよう。リンゴの赤さを見るとき、その赤さは、リンゴがもつ性質として経験されているのであって、自分の性質として経験されているわけではない。つまり、自分の心が赤くなるわけではないのだ。しかし、喚起説はこの手の主張を行なっている。ある曲を「悲しい」と言うとき、自分が悲しみを抱いていると述べているのである。[6]

この問題を乗り越えるには、表出的性質は〈自分の情動状態の原因として知覚されている〉と考えるのが良いかもしれない。聴き手は、曲を聴いて悲しみを抱くだけでなく、その悲しみは聴いている曲のために生じたものだということも、曲の特徴として経験していると主張するのである。[7]

だが、この問題をクリアしたとしても、喚起説は、先ほどみた表出説の問題と似たような問題に突き当たる。それは、聴き手の情動状態を記述する情動用語と表出的性質を記述する情動用語が一致するとは限らない、というものである（Kania 2017; Zangwill 2004）。たとえば、聴き手は悲しくならなくても「この曲は悲しい」と判定することができるだろう。曲がもつ表出的性質を知覚するために、それに対応する情動状態になる必要はないのだ。また、かなり音楽に精通した人なら、とくに心も動かさずに「この曲は悲しい」「あの曲は楽しい」と判定できるだろう。さらに言えば、音楽以外の原因で悲しみを抱いているときでも、「この曲は楽しい」と判定できる。このように、対応する情動が喚起されていなくとも表出的性質は識別できるのだ。

この点をよりよく理解するために、他人の情動を判定する場合を考えてみよう。たとえば、うずくまって肩を震わせ、涙を流している人がいるとする。その人を見ると、「この人は悲しんでいる」と判定できる。だが、そう判定するために自分も悲しくなる必要はない。さらには、涙を流している人が自分の嫌いな人だったら、むしろ、ざまあみろとポジティヴな情動を抱くかもしれない。ここからわかるように、知覚した対象に特定の情動用語を適用したくなる場面とは、その用語で記述される情動を自分が抱いている場面ではないのだ。

喚起説がこの問題を乗り越えるためには、「阻害要因」という考えを引き合いに出す他ないように思われる。悲しい曲を聴いて悲しくならない場面もあるかもしれないが、それは悲しみが生じることを邪魔するものがあったのだ、と主張するのである。

この応答を理解するために、物体を見る場合を考えてみよう。たとえば、目の前に机があっても、部屋が暗ければ見えない。また、光があっても、照明が特殊なものであれば、物体の色を見誤ってしまうだろう。このように、物体の知覚がうまくいくかどうかは、正しい知覚を阻害する要因があるかどうかに依存する。しかし、阻害要因がない適切な条件下では、物体の色を正しく見ることができる。光がなかったり変な照明だったりする場合とは、その条件を阻害する要因が存在する場合のことであり、そのために知覚が失敗しているのだ。

　これと同じことが表出的性質にも言えるかもしれない。悲しい曲は、適切な条件のもとでは悲しみを喚起するものである。しかし、阻害要因があるために、聴き手が悲しくならない場合があるということだ。

　この方針をとるためには、もちろん、音楽を聴くための適切な条件とはどんなものであり、その条件を阻害するものが何であるかを示さなければならない。喚起説を維持するためには、最低限この作業が必要になるだろう[8]。

　だが、たとえその作業をクリアしたとしても、喚起説には別の問題がある。それは、「もし悲しい音楽が悲しみを喚起するものなら、そうした曲が好んで聴かれることはないはずだ」というものである。次章では、その問題をみることにしよう。

注

1 実のところ、標題音楽が本当に音楽以外のものを表現できるかどうかについては議論の余地がある。作曲者は特定の曲で音楽以外のものを表現する意図をもっていたかもしれないが、器楽音楽は（描写対象をもたない抽象画のように）何も表さない形式の芸術かもしれないのだ（Walton 1994）。もし器楽音楽が何も表さないものである場合、標題音楽を聴いて浮かぶイメージは、音楽そのものではなく、標題というテキストによって与えられたり、連合を介して生じたりするものということになるだろう。

2 あらゆる事例で完全に無関係だとは言い切れない。特定の音響・音楽的特徴と特定の情動とのあいだにはすでに何らかの結びつきがあり、連合やテキストはそれを利用し、その結びつきをより強くしているのかもしれない（Gracyk 2013: 81–82, 邦訳一一〇〜一一一頁）。

3 実はもう一つの立場として、隠喩説（Metaphorism）がある。その主張はこうだ。音楽の記述には情動用語だけでなくさまざまな用語が隠喩的に使われる。たとえば「繊細で脆いメロディ」は文字通りの意味で物理的に壊れやすいものではないし、「バランスの悪いメロディ」は文字通りの意味で倒れそうなものではない。このように音楽にはさまざまな隠喩が使われるため、音楽の記述は隠喩の一般理論で説明されるべきものであり、情動との関係をとりわけ重視する理由はない、というのだ（こうした立場はGoodman［1976］やZangwill［2004］で展開されている）。しかし、音楽を記述するために多様な隠喩が用いられることは事実としても、ある曲に対しては「ぎこちない」という隠喩を使うのは不適切であるが「悲しい」という隠喩は適切だ、という場合があるだろう。このとき、「悲しい」という隠喩を適切にしている要因は何なのか、その要因は情動状態としての悲しみとの関係で説明されるものではないか、と考える余地がある。つまり、情動用語の適用が隠喩であっても、なぜいくつかの曲は情動の隠喩が使われるのか、ということは依然として問題になるのである。

4 この手の見解を定式化した人物として、Tolstoy（1898）、Dewey（1934）、Collingwood（1925）がよく挙げられる。

5 詩人のワーズワースは次のように述べている。「自然に溢れ出る力強い感覚。それは、平静のなかで思い出された情動からやってくる」（Wordsworth 2013）。

6 悲しみを描写した歌詞や標題がついた音楽を聴くことで、聴き手が悲しみを抱くことはあるかもしれない。だがその悲しみは、音楽ではなく、悲しい小説や悲しい詩と同じように、言葉の力によって与えられている。

7 この主張は、ジョン・サールが知覚の因果説に関する議論で述べた主張に似ている。サールは、対象を正しく知覚する場合は、〈目の前の対象が自分の知覚経験の原因である〉ということも知覚経験の内容に含まれていると述べている（Searle 1983）。ここでの主張はそれと同様に、楽しい曲を聴く知覚経験には、〈いま聴いている曲が自分の情動経験の原因である〉ということが含まれていると考えるのだ（曲が知覚経験の原因だということだけでなく、情動経験の原因であるということも知覚内容に含まれると主張する点で、サールの主張とまったく同じではないが）。だが、〈対象が経験の原因である〉ということが知覚内容に含まれているかどうかについては議論の余地がある。たとえば目の前に机が見える知覚経験の内容は、目の前に机があるということだけであり、その机が当の知覚経験を引き起こしたということ自体は内容には含まれていないと反論されるだろう。

8 喚起説を擁護する現代の代表者はMatravers（2011）だが、その議論はかなり込み入ったものになっている。だが、そうした複雑な話をする前に思い出してもらいたいのは、表出的性質の説明は他にも、類似説とペルソナ説があるということだ。もし喚起説が唯一の説明の候補であるなら、それを頑張って擁護しようというのが理にかなっている。しかし、他にもっと良い説明があるなら、わざわざ喚起説を支持しようと頑張る必要はない。頑張るかどうかは、類似説とペルソナ説をみたあとで決めた方がいいだろう。

第9章　なぜ悲しい曲を聴くのか

　前章では、表出的性質に関する論点を整理するとともに、表出説と喚起説の問題を説明した。とはいえ喚起説については、それを擁護する方針も説明していた。しかし本章では、喚起説の別の問題を取り上げたい（前章で述べた通り、ここでの「曲」や「音楽」は、そこに伴う言語情報の理解が表出的性質の聴こえ方に影響しないものを指している）。

　音楽と関連しうる情動は複数ある（好きな音楽を聴いた満足感、上手い演奏への感心、下手な演奏への落胆、意外な展開に対する驚き、など）。だが、悲しみをはじめとしてネガティヴな情動には独特の問題がある。一般的に、悲しみなどのネガティヴな情動は、なるべく経験したくないものである。他方で、喚起説が言うように、悲しい曲は悲しみを喚起するものであるとしよう。すると、悲しみを生みだす曲を聴くのは避けられるはずではないだろうか。しかし、現実には悲しい曲を好んで聴く人もいる。なぜなのか。

　この問題を解決する最も単純な方法は、喚起説を否定することである。悲しい曲が聴いて悲しくなる曲のことでないなら、それを避ける理由もなくなる。本章では情動の哲学の観点からこの考えを擁護する。音楽そのものに喚起される情動のなかに、文字通りの意味で「悲しみ」と呼ぶべきものはないと主張するのだ。

1　二つの問題と音楽情動

悲しい曲は悲しみを喚起しないという見解は、ピーター・キヴィーによるものである。それどころかキヴィーは、音楽は悲しみだけでなく、喜び、恐怖といった「ありふれた情動（garden-variety emotion）」を喚起しないと主張している（Kivy 1980）。彼によると、音楽に喚起される情動は、音楽のみを対象とする特殊な「音楽情動（musical emotion）」であり、ありふれたものではない。

この見解は、哲学や美学に限らず、音楽学、心理学、神経科学の研究者、さらには芸術家からも熱心な反論を呼んでいる。しかし本章では、キヴィーの見解を擁護したい。というのも、キヴィーの見解は悲しい曲に関する二つの問題に最も簡潔な答えを与えられると思われるからだ。

負の情動のパラドックス

第一の問題は、すでに述べた通り、なぜ人は自分を悲しくさせる音楽をわざわざ聴くのか、というものである（以下、「パラドックス」と省略する）。

第4章で説明したとおり、情動には感情価という正（ポジティヴ）ないし負（ネガティヴ）な価が備わっており、感情価は特定の行為を促す力をもっている。たとえば、喜びや誇りといったポジティヴな情動は自身の持続・増大を促す。自分の好物を食べて喜びが生じると、その喜びをさらに増大・持続させるために、それを食べ続けたくなる。他方で、怒りや恐怖といったネガティヴな情動はその回避・減少を促す。蛇を見て恐怖が生じると、その恐怖をなくすために、恐怖を誘発した蛇から離れたくなるだろう。

通常、悲しみは負の価をもち、悲しみ自体を避ける行為を促す。すると、もし悲しい曲を聴いて悲しみが生じるなら、その悲しみを回避するために、曲を聴くのをやめるという行為が促されるはずである。だが、（下手な演奏や、個人的な思い入れのために嫌いな曲を除いて）聴き手は鑑賞をやめない。むしろ、正の情動が生じているかのようにその曲を聴き続けるだろう。なぜこうした事態が起こるのか。

このパラドックスは、悲しみをもたらす悲劇や、恐怖や嫌悪をもたらすホラーの鑑賞でも生じる。ここではジェロルド・レヴィンソンのまとめ（Levinson 2006: 52–54）に基づき、音楽に限らず、負の情動をもたらすとされる作品の鑑賞を説明するいくつかの方針を概説しよう。

補償説（compensatory explanation）　cf. Aristotle *Poetics*

鑑賞によって負の情動が生じるが、同時に、それを埋め合わせる好ましい経験も生じる。負の情動の経験を通して、カタルシスが達成される、人間の存在や道徳にとって重要な知識、美的な快が得られる、など。

転換説（conversionary explanation）cf. Hume（1758: chap. 22）

美的鑑賞の文脈では、負の情動は好ましいものに転換される。この立場にとって重要なのは、作品が表現する内容と、その内容を表現する技術の区別である。この立場によると、確かに作品の内容は負の情動を喚起するが、その内容を表現する技術は素晴らしく、その技術が正の情動を喚起する。そして、その技術の巧みさによって喚起された正の情動が内容が喚起する負の情動を圧倒・吸収し、結果として正の価をもつ経験だけが残る。

有機体説（organicist explanation）cf. Levinson（2011: chap. 13）

鑑賞により負の情動が生じるが、それを構成要素として成立する全体的な経験は好ましいものである。たとえば、悲しくなることで作品に没入できる、悲しい場面で悲しくなれる（ふさわしい感受性をもつ）自分に満足できる、など。

改訂説（revisionary explanation）cf. Walton（1990）

実のところ、負の情動に伴う感じ（feeling）は、本来的には避けがたいものではなく、適切な文脈ではそれらを楽しむことも可能である。そして、鑑賞はそうした文脈を与えると主張する。たとえば、ホラー映画を観ているときに実際に危険なものはない。そのため、恐怖の評価的要素である危険の察知は打ち消され、残された恐怖の身体反応（興奮状態）を楽しむことが可能になる。

デフレ説（deflationary explanation） cf. Kivy（1999）
　鑑賞によって負の情動が生じることを否定する。負の情動が生じていないので、パラドックスそのものがなくなる（後述）。

　これらの説のどれが正しいかについては一旦棚上げにしておき、次に、悲しい曲に関する第二の問題を説明しよう。

対象の欠如

　第二の問題は、音楽を聴いているときに悲しむべきことは何も生じていない、というものである（以下、「欠如問題」と呼ぶ）。
　通常、悲しみは、財布を落としたり、家族が死んだり、恋人と別れたり、等々の状況で生じる。第4章で述べた通り、悲しみは、重大な喪失を対象とした情動なのである。だが、音楽を聴いているときに何ら悲しむべきことは生じていない。何の喪失もないのだ。[1]
　では、「音楽を聴いて悲しくなった」と言われる場面では何が起きているのか。ここでは欠如問題に対する三つの見解を紹介しよう。

錯覚説（illusion theory） cf. Prinz（2004: 235）
　音楽に喚起される悲しみは錯覚である。この錯覚は、錯視図形を見た場合の視覚経験と同じように説明される。たとえば、第5章で取り上げたミュラー・リヤー錯視の場合、その図の二本の線分の長さは物理的に等しいと知っていても、依然として二本の線分は異なった長さをしているように見える。錯視図形は主体の信念や知識では訂正できない錯覚を生み出すのだ。

音楽による悲しみも同様に、聴き手は悲しむべきことは何もないと知っているが、そうした知識では訂正不可能な錯覚の悲しみが生じている。[2] その悲しみは、実際には存在しない喪失を対象とするという意味で誤ったものである。[3]

気分説（mood theory）cf. Carroll（2003）, Davies, S.（2011: chap. 4）, Robinson（2005: chap. 13）

音楽によって喚起されるのは情動（emotion）ではなく気分（mood）である。この立場にとって重要なのは、当然ながら、気分と情動の区別だ。気分と情動を区別する基準はいくつかあるが（Prinz 2004: chap. 8, 邦訳三一四〜三二四頁 ; Ekman 2003: chap.2, 邦訳一〇七〜一〇九頁）、ここで重要なのは対象に関する基準である。

情動は何かしら特定の物事に向けられている。人は、財布を落としたことや、愛する人との別れといった物事を悲しむ。しかし、特定の物事についてではなく、何となく憂鬱であったり、いらいらしたり、うきうきしたりすることがある。こうした気分は、対象をもたない（非志向的である）点で情動とは異なるとよく言われる。気分説はこの点に着目し、音楽によって喚起されるのは悲しい気分だと主張する。そして、悲しい気分になる場合、その対象となる悲しむべきことは必要とされないと言うのだ。

エラー説[4]（error theory）cf. Kivy（1999）

悲しい音楽を聴くときに悲しみは生じていないが、聴き手は自分が悲しい状態にあると誤って信じている。この誤りは、表出的性質としての悲しみと自身の情動状態を取り違えることで生じる。つまり、聴き手は、実際には音楽のうちに悲しみを聴き取っているだけなのに、自分が悲しい状態にあると誤ってしまうのだ。

キヴィーの音楽情動

本章で擁護したいキヴィーの見解はデフレ説とエラー説であり、音楽を聴いて悲しみが喚起されることを否定する。そして、音楽に喚起されるのは特殊な音楽情動であると主張されている。

キヴィーによると、音楽情動とは、〈音楽の美しさや巧みさへの感動〉である。人は、自然風景や他人の親切な行為など、さまざまなものによって感動させられるが、音楽情動は音楽の美しさや巧みさのみによって喚起され、また、必ずそれらを対象とする非常に特殊な感動である。そのため、音楽情動はありふれたものではないのだ。

音楽情動には「悲しみ」や「怒り」といった名前は与えられていないが、だからといって、「言葉では表せない情動」といった、ほとんど何の説明にもならない奇妙なものを導入しているわけではない。というのも、名前がつけられていない情動は他にもたくさんあるし、それらは対象によって特定できるからである。たとえば、日没を見ているときの感じ、子どもの顔を見ているときの感じ、見ず知らずの他人の親切な行ないを耳にしたときの感じ、等々。こうした情動に特別な名前はつけられていないが、これらはその対象となる物事を使って特定できるため、何ら奇妙なものではない。音楽情動も同様である。[5]

また、「音楽情動」と言っても、あらゆる音楽に対して一種類の情動があるわけではない。聴く曲が違えば、さらには、同じ曲でもその部分が違えば対象が異なり、そのため、そのつど異なる音楽情動をもつことになる。個々の曲、さらに、一つの曲のそれぞれの部分は異なる対象だが、それらはどれも（それぞれ異なる仕方で）音楽的に美しい、巧みな、素晴らしいという特徴を備えており、そうした特徴が喚起するのが音楽情動なのである。

ただしキヴィーは、どこからどこまでのものを一つの対象とするかの基準を明言してはいない。ここで説明した主張の目的は、その基準を明確にするというよりも、どの曲に対しても一通りの反応しかないという明らかに支持できない帰結を避けることだろう。さらに言えば、心的状態の対象を区切る基準の明確化は、心の哲学の一般的な問題であり、キヴィーの立場に特有の問題ではない。

以上を踏まえて、前述の二つの問題に対するキヴィーの見解を確認しよう。音楽を聴くときには、悲しむべき物事が存在するどころか、音楽の美しさという好ましいものが存在している。そうであるならそのときの情動が悲しみであるはずがない。むしろ、音楽によって喚起される音楽情動はポジティヴなものだろう。そのため聴き手が音楽を聴き続けることに何の不思議もない。なぜ悲しい曲を聴くのか。ポジティヴな情動が経験できるからだ。ただし、聴き手は音楽に感動して興奮状態にあるために、表出的性質としての悲しさと自身の情動状態を混同し、自分が悲しい状態にあると誤ってしまうのである。

キヴィーの見解の概説は以上である。これから先は情動の哲学の観点から、この見解が他の立場より説得的であることを示したい。また、本節ではパラドックスと欠如問題の二つを説明したが、次節では欠如問題にのみ焦点を合わせ、エラー説を擁護する議論を提示したい。というのも、エラー説を擁護し悲しい曲を聴いて悲しみが生じることを否定できれば、そこから自動的に、パラドックスに対してはデフレ説が導かれるからである。

2　悲しむべきことがあるのか

情動と気分の違い

欠如問題に対するそれぞれの立場を確認しておこう。音楽を聴いているときに悲しむべき物事が何もないことは事実として否定できない。ここで、音楽に喚起される悲しみが情動だという主張を維持するなら、その悲しみは、実際には存在しない喪失を捉えているという点で誤っていると主張することになる。それが錯覚説だ。これに対し気分説は、気分は情動とは異なり対象なしに生じる状態なので、音楽を聴く際に悲しむべき物事がない点は問題ではないと主張している。そしてエラー説は、実際には悲しみは生じていないが、聴き手は誤って自分は悲しい状態にあると信じていると主張する。

三つのうち、美学研究者に最も人気があるのは気分説だろう。[6] 他の二つとは異なり、気分説は聴き手に何の誤りも帰属させておらず、この点で最も自然な説明だと思われるかもしれない。

しかしここでは、情動の哲学の考察から、気分説も錯覚説に回収され、気分説でも主体に誤りを帰属させることになると主張したい。

気分説は、情動と気分は異なる種類の心的状態だということを前提としている。だが、両者に種類の違いはなく、程度の差しかないと言われることも多い（Prinz 2004: 184–185; Goldie 2000: 143; Solomon 2007: 185–186）。

この点を理解するために重要なのは、第4章で導入した個別的対象／形式的対象の区別である。クマや毒ヘビ、強盗との遭遇や、断崖絶壁に立つ状況は、どれも恐怖を生じさせる。こうした個別の物事が情動の個別的対象だった。これに対し形式的対象は、それぞれの個別的対象が共通にもつ、当該の情動が生じる原因となった性質である。クマや毒ヘビ、断崖絶壁といった多種多様な個別的対象が恐怖を生じさせるのは、それらがどれも〈身の危険をもたらす〉という性質を備えているからである。

個別的対象と形式的対象という区別は、気分にも当てはめられる。気分の場合、確かに個別的対象ははっきりしていない。特定の物事についてではなく、何となく、いらいらしたり憂鬱であったりするのであるだろう。しかし、気分は（個別的対象を欠くのではなく）不確定の個別的対象をもつと言うこともできる。つまり、いらいらや憂鬱は、〈いろんな物事〉についての（いろんな物事を志向的対象とする）状態だと言うこともできるのだ。

さらに重要なのは、気分にも形式的対象があり、それによって異なる気分が区別されると考えられることである。たとえば、いらいらも憂鬱も〈いろんな物事〉を不確定の個別的対象にもつが、いらいらは〈それらが侵害的であること〉を、憂鬱は〈それらがうまくいっていないこと〉を形式的対象にしている点で、異なる気分に分類されると考えられるのだ。

実のところ、個別的対象がはっきりしない情動もあれば、個別的対象が明確な気分もある。たとえば、暗い夜道を歩いているときの恐怖は、何か特定のものを対象としているわけではない（Goldie 2000: 143）。このときの恐怖は、夜道に現れそうな、危険をもたらしうるさまざまなものへの反応として生じていると考えられる。また、失職によって情動としての悲しみが生じることもあれば、憂鬱な気分が生じることもある。失職は、仕事という特定の物事の喪失でありつつ、仕事との関連で得られたはずのいろんな物事（給料、社会的地位、信用など）の喪失でもあるのだ（Prinz 2004: 185, 邦訳三一九頁）。

こうした点を踏まえると、情動と気分はまったく異なる心的状態というわけではない。せいぜい、気分は情動と比べて個別的対象がはっきりしないことが多い、という程度差しかないと考えられるのである。

以上を踏まえて、音楽に喚起される気分に戻ろう。気分説は、音楽に喚起される悲しみは対象をもたない気分だと主張していた。確かに、個別的対象が不特定であるという意味でなら、「気分は対象をもたない」という主張は認められるかもしれない。しかし、気分には形式的対象もある。そして、音楽を聴いているときに〈喪失〉や〈うまくいかない〉といった、悲しみ（および、それに関連する情動・気分）に関わる形式的対象は存在していない。音楽はそうした性質をもっていないのである。そのため気分説でも、実際に存在していない形式的対象についての誤った経験（錯覚）が生じていると認めなければならないだろう。

もともとの気分説では、気分には対象がないため、悲しい曲を聴くときに悲しむべき物事がないことは問題なく、そのため主体の側に誤りはないと思われていた。だが、情動の対象に関するここでの考察を踏まえると、気分説でも主体に誤りがあることを認めざるをえないのである。

自分の情動を間違える

気分説が錯覚説に回収されたので、残りは錯覚説とエラー説ということになる。錯覚説は、音楽を聴いたときに誤った悲しみが生じていると主張しているが、エラー説は、聴き手は誤って悲しみが生じていると思い込んでいるだけだと主張している。両者は悲しみが生じているかどうかについて真っ向から対立しているのだ。そのため、エラー説を支持する議論を行なえばそれで錯覚説への反論になり、逆に、錯覚説を支持する議論はエラー説への反論になるだろう。

どちらに重きを置くかで選択の余地があるが、本章の目的はエラー説の擁護なので、そちらに力点を置いた議論を提示したい。

エラー説を支持する理由は明快である。音楽を聴くときには、悲しみの個別的対象も形式的対象も存在していない。そうであるなら、悲しみは生じていないと考えるのが自然ではないだろうか。

この主張を補強するために、ひとまず、スカイダイビングとホラー映画の鑑賞を考えてみよう。スカイダイビングの場合、パラシュートがあるとはいえ、かなりの高所からの落下は明らかに危険なものであり、それによって負の情動が生じることは問題なく認められるだろう（だからこそ、それを進んでやる人には負の情動だけでなく正の情動が生じる仕組みがあるという主張に十分な説得力がある）。他方で、ホラー映画の鑑賞になると少々厄介な問題が生じる。ホラー映画を鑑賞している人は、そこで描かれた物語が実際には存在していないことを知っている。それを知っているのに本当に負の情動が生じるのか、という疑問が生じるのだ（ホラー映画に関する議論については、Walton［1978］および戸田山［2016］を参照）。

これに対し音楽はどうだろうか。音楽には、スカイダイビングのように明らかに嫌な物事も、ホラーのようにフィクショナルに嫌な物事もない。そうであるなら、（曲がもともと嫌いであったり、自分に知識がなくて理解できないといった場合を除けば）音楽を聴いて負の情動が生じると考える理由はないように思われる。[7]

だが一方で、聴き手は、悲しい音楽を聴いて「悲しくなった」と言うことがたびたびある。この事実との折り合いをつけるために、エラー説は、聴き手は音楽の表出的性質と自分の情動状態を混同してしまうという説明を与えている。実際は自分の側に悲しみは生じておらず、悲しいメロディを聴いていただけなのだが、両者を間違えてしまったというのである。

表出的性質と情動状態を混同するという主張は、一見すると奇妙に思われるかもしれない。しかし、次の二点を考えてみれば、その奇妙さは減るはずだ。

一つめは、日常的な表現の曖昧さである。たとえば、「悲しい音楽を聴いて悲しみを感じた」という言い回しは日常表現としては自然なものだが、実のところそれは、「曲の特徴として悲しみを聴き取った」にも、「曲を聴いて自分のうちに悲しみが生じた」にも解釈できる曖昧さを含んでいる。音楽に関する普段の語り方では、前章で説明した「知覚される情動／感じる情動」の概念的な区別がきちんとできていないことが多い。聴き手が「悲しい曲を聴いて悲しくなった」と言うのは、こうした概念的な区別がついていないためだと考えられるのだ。

二つめは、自分の心的状態を知る方法（内観）はときに誤るということである。たとえば、顔を真っ赤にして声を荒らげているのに、自分が怒っていることを否定する人などを考えてみよう。興奮状態にある人は、まさに興奮状態にあるために、自分がどういった情動をもっているかを誤ってしまう。音楽に喚起された感動も同様に、主体にこうした誤りを生じさせる興奮を伴うと考えることができるのだ。

実のところ、エラー説を支持する内観の報告もある。表出的性質と自身の情動をきちんと分けるよう教示された実験の被験者は、悲しい音楽を聴いたときに感じたのは負の情動ではなく正の情動だと報告することが多くなると言われている（Kawakami et al. 2013）。もちろん、この実験だけでエラー説の正しさが完全に証明されるわけではない。先ほど述べたように、内観は誤りうるので、正の情動の報告だけを手放しで信用することもできないからだ。だが、ここから少なくとも次のことが言える。それは、音楽を聴いて悲しみが生じているかどうかについて相反する報告がある以上、本当に悲しみが生じているかどうかを内観だけに基づいて判定することはできない、ということだ。

次に、エラー説への反論をみてみよう。音楽を聴いて悲しみが生じることの証拠として、音楽を聴いたときの身体反応を記録したキャロル・クラムハンスルの実験（Krumhansl 1997）がよく引き合いにだされる（Robinson 2005: 369–372）。この実験では、悲しい音楽は心拍数や血圧、皮膚導電率、手指皮膚温度に大きな変化をもたらすのに対し、楽しい音楽は呼吸に大きな変化をもたらす、といったように、音楽の表出的性質の違いに対応して、生じる身体反応のパターンが異なることが示されている。

しかし、クラムハンスル自身も認めているように、悲しい音楽を聴いて生じた身体反応のパターンは、悲しみの典型的な身体反応パターンと一致していなかった。対応がみられたのは、音楽がもつそれぞれの表出的性質の違いと、それぞれを聴いたときの身体反応のパターンの違いなのである。つまり、悲しい音楽と楽しい音楽では、聴いたときに生じる身体反応のパターンが違うということだ。

にもかかわらず、この実験に基づいて「音楽が悲しみを生じさせた」と言われるのは、音楽を聴いたときの身体反応のパターンと被験者の主観的報告とのあいだに相関がみられたからである。つまり、悲しい音楽を聴いた被験者は、悲しみを感じたと報告し、そのときには（怖い音楽や楽しい音楽を聴いた場合とは異なる）特徴的な生理的パターンがあった、ということなのだ。この報告があったからこそ、悲しい音楽を聴いたときの身体反応のパターンは、悲しみの典型的パターンとは異なっていたにもかかわらず、悲しみが生じた証拠とみなされているのである。

だが、被験者の報告は内観に基づいている。そして、先ほど述べたように、内観は（まったく信用できないわけではないが）それに基づいて論争に決着がつくものではない。ひょっとすると、音楽を聴いて生じた身体反応のパターンは、キヴィーが言うような音楽情動に伴うものかもしれない（悲しみの典型と違うパターンが生じているなら、そのときの情動は悲しみではないと考える方が自然ではないだろうか）。こうした可能性を排除し、そのとき生じた情動が悲しみであると言うためには、被験者の内観を額面通り受け取る必要がある。しかし、エラー説からするとそれは論点先取である。したがって、この実験はエラー説に対する決定的な反論にはならないと言えるだろう。[8]
以上を考慮すると、音楽を聴いて悲しみが生じていると主張する根拠はそれほど強固ではない。内観も身体反応のパターンも、悲しみが生じていることを決定づけるものではないのだ。そのため、悲しい音楽を聴いて悲しみが生じると考える確固とした根拠はない。すると、錯覚説を支持する根拠はそれほどないと言えるだろう。
もちろん、ここで挙げた問題を排除できる実験をデザインし、そのうえで、音楽を聴いて悲しみが生じていることを示す結果が得られれば、錯覚説が正しく、エラー説が間違っていることになるだろう。[9]だが、そうした経験的な結果が得られない限り、エラー説への脅威はないのである。
脅威がないだけでなく、エラー説には説明上の利点がある。音楽を聴いているときに悲しむべき個別的・形式的対象は何もないし、聴き手が音楽を聴き続けることは負の情動がないことを示唆している。そして、エラー説はこの事実を単純に説明できる。悲しみが生じていないなら、悲しむべき対象がないことは問題ではないし、悲しい音楽を聴き続けることに何の問題もない。エラー説では、音楽と悲しみに関する二つの問題に最も簡潔な説明が与えられるのだ。

以上の考察が正しければ、音楽そのものに喚起される情動のなかに、情動状態として「悲しみ」と呼ぶべきものはない。そのため、表出的性質を聴き手の情動状態の原因とみなす喚起説は誤っているのである。
ここで、「悲しい曲はそうだが、楽しい曲もそうなのか?」という疑問が生じるかもしれない。「楽しい曲は楽しみを喚起する」という主張はかなりもっともらしい。他方で、負の情動のパラドックスが生じてしまう悲しい曲は、そもそも喚起説に不利な例に思えるかもしれない。だが、喚起説に有利に思える楽しい曲から考察を始めれば、喚起説の正しさを示せるのではないだろうか。

これに対しては次のように反論したい。音楽情動のところで説明したように、悲しい曲でも楽しい曲でも、それが十分に美しかったり巧みであったりすれば、それを聴いてポジティヴな情動が生じるだろう。もし「楽しい曲は楽しさを喚起する」と言うときの「楽しさ」が「ポジティヴな情動」と言い換えられるなら、確かに、楽しい曲は楽しさを喚起する。だが、悲しい曲も怖い曲も楽しさを喚起するのである。しかし、喚起説は、楽しい曲は楽しみを喚起するが、悲しい曲は悲しみを、怖い曲は恐怖を喚起すると主張する立場である。それに反し、楽しい曲も悲しい曲も怖い曲も、音楽的・芸術的に素晴らしいものであるなら、ポジティヴな情動を喚起するのだ。

さらに、本章の考察からは次の二つの帰結が示唆される。

第一に、音楽が本物の悲しみを喚起すると主張したいなら、前章で取り上げた、連合や歌詞、イメージの影響を積極的に分析すべきだろう。情動を喚起する力は、音楽そのものではなく、音楽に付帯する要因にあるはずだ。

第二に、認知科学に関する帰結がある。認知科学では、悲しみや幸福感といった情動が、想起や判断、注意にどういった影響をもたらすかが調べられている。そうした影響を調べるためには、まず被験者に問題となる情動を誘発させる必要があるが、ときに、その誘発刺激として音楽が用いられる（そうした実験は Robinson［2009: 666］でいくつか挙げられている）。だが、キヴィーが言うように音楽によって喚起されるのが特殊な音楽情動であるなら、こうした実験では問題となる情動が与える影響は調べられないことになるだろう。

悲しい曲は悲しみを生み出すものではない。しかしそうすると、悲しい曲はどういう意味で「悲しい」のか、という疑問が生じる。最終章ではその問題を考察しよう。

注

1 「曲を聴いていなければ他のことができた、その機会が失われてしまった」という喪失があるが、それは「悲しい曲」に限られず音楽一般にあてはまる。また、重大な喪失でもない。さらに言えば、何か特定の行為をとれば、そのときに可能であった他の行為を行なう機会が失われるという点は、あらゆる行為にあてはまる。

2 錯覚説の可能性を考慮すると、情動と信念の強い結びつきを主張する必要がないことがわかる。ときに、主体が「悲しむべき物事が起きた」という信念をもっていなければ悲しみが生じないと言われることがある（たとえば、Zangwill 2004）。しかし、悲しむべき物事は、信念・判断・思考とは独立に、知覚経験と同じく、非概念的に表象されている可能性もある（Prinz 2004: chap. 3）。

3 ここでの「誤り」が意味しているのは、経験の対象が実際には存在していないということだけであり、不合理性などは含意されていない。錯覚説を説明するときにミュラー・リヤー図形の錯視を引き合いに出したが、こうした錯覚は十分に合理的な主体にも生じる。錯視図形から与えられる刺激は、知覚主体が合理的であるかどうかとは無関係に、正常な視覚システムに錯視を生じさせてしまうのである。音楽に喚起される誤った悲しみも同様に解釈できるだろう。音楽は、合理的な主体の正常な情動システムに悲しみの錯覚を生み出させてしまう特殊な刺激だと考えられるのである。

4 Error theory は「錯誤説」と訳されることが多いが、それだと前述の「錯覚説」と見分けがつきにくいので、ここでは「エラー説」と訳する。

5 「音楽を対象とする」では音楽情動の特徴づけとして少なすぎると思われるかもしれない。だが、対象が決定的な役割を果たす情動は他にもある。たとえば、「道路で割り込まれた」ときの怒りは「ロード・レイジ」と呼ばれ、他の怒りとは区別される（Prinz 2004: 185, 邦訳三一九頁）。

6 錯覚説の支持者として挙げたプリンツは、音楽と情動の関係について詳しく考察した結果として錯覚説を主張しているわけではなく、情動一般についての理論を提示するなかで、誤った情動の一例として音楽が喚起する悲しみを挙げている（Prinz 2004: 235, 邦訳四〇三頁）。

7 正と負の両方の価をもつ情動もある。たとえばノスタルジーは、楽しかった過去についての良い思いと、その過去がもう存在しないことについての悲しみから構成されると言われる（Prinz 2004: 165, 邦訳二八四頁）。だが、音楽には嫌悪刺激の候補がないという点を考慮すると、音楽が両価の情動を喚起すると考える理由もないことがわかる。

8 ロビンソンは、音楽を聴いたときの生理的パターンが悲しみの典型的なパターンと異なっていたのは、運動系の違いとして解釈できると主張している（Robinson 2005: 372）。音楽を聴き続ける聴き手は悲しみに特有の行為をとらず、じっとしているため、生理的パターンが異なるというのだ。だがこの解釈も、音楽を聴いて悲しみが生じていることを前提としなければ成り立たない論点先取だろう。キヴィーはこの実験に対し、（エラー説の通り）表出的性質と聴き手の情動が混同された可能性があると述べている（Kivy 2006）。

9 別の問題として、音楽聴取時の情動を調べる実験では、連合の可能性が排除できないことが挙げられる（Konečni 2008）。

第10章　悲しい曲の何が悲しいのか

前章では、「悲しい曲は聴いたら悲しくなる曲のことではない」と主張した。すると次に、「では、悲しい曲はどんな曲のことなのか?」という疑問が湧いてくるだろう。音楽がもつ悲しみ、表出的性質とは何だろうか。なぜそれを記述するために情動用語が使われるのだろうか（第8章で述べた通り、音楽に付帯する言語情報のおかげで「悲しい曲」と呼ばれているものはここでの考察の対象ではない）。

本章では、表出的性質に関する残り二つの説明、類似説とペルソナ説を取り上げる。二つの説を分けるポイントは「想像」だ。ペルソナ説によると、表出的性質の知覚には、情動を抱く主体を想像することが必要である。これに対し、類似説によると、そうした想像は表出的性質の知覚に必要なものではない。

だが、想像は多義的な概念であり、まったく別のさまざまな心的能力がひとくくりに同じ「想像」という語で呼ばれている。そのため、想像に関する両者の対立を検討するうえでは、そもそもどういう「想像」が問題になっているのかを注意深く検討する必要があるだろう。

あらかじめ本章の主張を述べておこう。本章は心の哲学の観点から「想像」を検討し、そのうえで、類似説とペルソナ説は実のところ両立可能だと主張する。類似説とペルソナ説は、音楽美学では対立する立場とみなされているが、心の哲学の観点からすると対立していないと主張するのだ。

1　類似説とペルソナ説

類似性と擬人化傾向

まずは類似説から説明しよう。類似説によると、悲しい音楽は「悲しんでいる人の特徴をいくらかもつ」音楽のことだ（Bouwsma 1950: 101）。類似した特徴としてよく挙げられるのは、音楽の輪郭（musical contour）と呼ばれ、この点から類似説は輪郭説（contour theory）とも呼ばれる。

音楽の輪郭とは、音程の上下やテンポなど、時間的に展開する特徴である。それが情動と関連する振る舞いと似ているというのだ。たとえば、悲しんでいる人は、喋るテンポが遅くなったり、音程の上下（声の抑揚）が少なくなったりする。「悲しい曲」と呼ばれるものの典型も、テンポが遅かったり、音程の上下が少なかったりする（次頁の表を参照）。このように、悲しい人の振る舞いと類似した輪郭をもつ音楽が、「悲しい」と呼ばれるというのである（Davies, S. 1994: chap. 5; Kivy 1989: chap. 8）[1]。

だがここで、類似性を引き合いに出すだけでは表出的性格の説明として不十分ではないかという疑問が生じるかもしれない。というのも、類似性は任意の対象同士のあいだに成り立つ関係だからである。

その点を理解するために、地面に落ちている石と、空にある雲と、人間を比べてみよう。この三つ

	愉しさ	恐怖	怒り	優しさ	悲しさ
テンポ	速い・一定	速い・不規則	速い・一定	ゆっくり・一定	ゆっくり・不規則
調の種類	長調	短調	短調	長調	短調
全体のピッチ	高い	高い	高い	低い	低い
ピッチの変動	激しい	激しい	穏やか	少ない	少ない
ハーモニーの種類	協和音	不協和音	不協和音	協和音	不協和音
音量	中〜大・一定	小・不規則	大・一定	小〜中・一定	小・不規則

パウエル『ドビュッシーはワインを美味にするか？』52頁より

のうち、どれとどれが似ているだろうか。全体のなかで水分が占める割合という点からすると、人間と雲が似ている。他方で、無生物という点では石と雲が似ている。だが、地面に接しているという点では石と人間が似ている。このように、どの点で似ているかを設定しなければ、どの対象とどの対象が似ているかは決まらない。どんな対象も、何らかの点で、他のどの対象とも似ているのである。

同じことが音楽にも言える。音楽は情動だけでなく、あらゆるものに何らかの点で似ているだろう。すると、一定の音響・音楽的特徴を記述するために、なぜとりわけ情動用語が使われるのかは、類似性では説明されないことになる（Levinson 1996: 103）。

この問題を解決するために、類似説は、人に備わる擬人化傾向（animating tendency）に訴える（Kivy 1989: chap. 7; Davies, S. 1994: chap. 5）。たとえば、次の顔文字（^_^）をみてみよう。これはただの文字列であり、当然ながら情動をもつ存在ではない。この顔文字を見た人も、この顔文字は情動をもたないと確信しているはずである。だがそれでも、（^_^）を「楽しい」と記述するのがふさわしいように思えるのではないだろうか（少なくとも、「悲しい」「怖い」「怒っている」ではないだろう）。それは、（^_^）が人間の笑顔と類似した特徴をもっているからである。この事例からわかるように、人は、対象が生物ではないとわかりきっており、情動をもつ存在ではないと確信していたとしても、そこに情動的な振る舞いとの類似性を見て取ってしまう。人には、さまざまなものに情動的振る舞いを見出してしまう傾向が備わっているのである。[2]

こうした擬人化傾向は進化心理学的に説明されている（Kivy 1989: 172–173; 2002: 41–43）。他者がどのような情動をもつかは、生物が生きていくうえで非常に重要な情報である。そのため、かなり精度が低く、誤ることが多かったとしても、情動的振る舞いをすぐ見て取ってしまう傾向をもっていた方が進化的に有利だったと考えられるのだ。[3]

さらに、擬人化傾向による誤りは、錯視と類比的に説明される（Kivy 1989: 57）。すでに何度かみたとおり、ミュラー・リヤー図形の二本の線分は、物理的には等しい長さだと知っていても、異なった長さであるように見えてしまう。その図形は信念や知識では訂正できない錯覚を生み出すのである。そして、音楽も同様の錯覚を生み出していると考えられる。鑑賞者は、音楽は心をもつ主体ではないと知っているが、それでも音楽が一定の輪郭をもっていれば、音楽のうちに情動的振る舞いを聴き取らざるをえないというのだ。

注意すべきだが、擬人化傾向のために知覚されているのは、本物の情動表出ではなく、あくまでも情動の表出らしきものでしかない。悲しい表情や悲しい声の調子などは、悲しみという情動を外からわかるように表した振る舞いである。表出は心的状態の外面化であるのだ。これに対し、顔文字（^_^）は、表出されるべき情動をもっていない。そのため、この顔文字は本物の表出ではない。むしろ、情動の表出であるかのように知覚されるものにすぎないのである。人は、擬人化傾向があるために、典型的な表出と似た刺激が与えられてしまえば、それを表出であるかのように経験してしまうのだ。

音楽にも同じことが言える。顔文字や音楽は、情動を表出している（express）のではなく、表出的（expressive）であるにすぎない（Kivy 1989: chap. 2）。本物の表出ではなく、表出のように聴こえてしまうものでしかないのだ。

もちろん、(^_^)という顔文字を使って、自分が楽しみを抱いていることを伝えることは可能である。だがそれは、(^_^)を「楽しい」と呼ぶのがふさわしいという関係がすでに成り立っているためである。人間は擬人化傾向のために(^_^)を「楽しい」と呼んでしまう。だからこそ、それを使えば、その顔文字を見た人に楽しさの知覚印象を与えることができる。いくら自分が楽しんでいることを伝えたいと思っても、(-_-)という顔文字を使っては伝わらないだろう。それは悲しみとして擬人化され、悲しみの知覚印象を与えてしまうからだ。

同様に、テンポが遅くて音程の上下が少ない曲を作って、自分が悲しみを抱いたことを伝えることは可能である。だがそれは、一定の音響・音楽的特徴を「悲しい」と呼ぶことがふさわしいという関係がすでに成り立っているためである。作曲者が悲しさを伝える意図をもっていたからといって、どんな曲でも「悲しい」と呼ばれるようになるわけではない。音楽で自分の悲しみを伝えようと思ったら、すでに「悲しい」と呼ぶのがふさわしい音楽的特徴を曲に入れるという作曲上の選択がなされるだろう（この点で、第8章で取り上げた表出説は説明の順序が逆転している）。表出的性質で問題になっているのは、そのふさわしさを成り立たせるものは何かということであり、類似説によると、それは類似性と擬人化傾向なのだ。

想像と物語的解釈

次にペルソナ説をみてみよう。冒頭で述べた通り、ペルソナ説によると、悲しい音楽とは悲しみを抱いた架空の人物（ペルソナ）を想像させるものである。

ペルソナ説も類似説と同様に、音楽の輪郭が表出的性質の知覚に寄与することは認める。特定の輪郭があるからこそ特定の情動用語が適用されるのであり、輪郭が違えば違う情動用語が適用されるだろう。だが、表出的性質を表出らしきものとみなす点には反対し、むしろ、表出的性質を情動の表出とみなす。悲しい音楽は誰かが抱いた悲しみを表したものだと主張するのである。

とはいえ、当然ながら表出的性質の担い手である音楽は心をもたない。そのためペルソナ説は、想像されたペルソナを導入する。悲しい音楽とは、悲しみを抱くペルソナを想像させ、そのペルソナの悲しみの表出として聴かれるものだというのである。ペルソナ説によると、表出的性質は表出らしきものではなく、想像された人物が抱く情動の表出として聴かれるものなのだ（Levinson 1996: 107）。

注意すべきだが、想像されたペルソナは、作曲者（および演奏者）のことではない。というのも、第8章でみたとおり、作曲者の情動状態を記述する用語と、表出的性質を記述する用語が一致するとは限らないからだ。作曲者は、自分が抱いた悲しみを払拭しようとして楽しい曲を作るかもしれない。また、前の顔文字のところで述べた通り、作曲者が自分の悲しみを伝えようと思ったらどんな曲調でも悲しくなるのではなく、悲しみを伝えるには悲しいと呼ぶのが適切だとすでに認められている音響・音楽的性質を曲に入れなければならない。ペルソナは、その適切さを成り立たせるものとして提案されているのである。

ペルソナは、作曲者や演奏者や鑑賞者といった、現実に存在する具体的な誰かではない。むしろ、「誰か」という不確定の主体（indefinite agent）や、タイプとしての人（type of person）だと言われる（Levinson 1996: 101, 107）。ペルソナは、音楽によって表出される情動の担い手、音楽を使って自身の情動を表出する主体としてのみ要請されるものであり、それ以外には何の特徴も与えられていないミニマルな存在なのである。

そして、ペルソナ説には類似説にはない利点があると言われる。それは、高次情動（higher emotion）ないし認知的に複雑な情動（cognitively complex emotion）と呼ばれる情動の用語を音楽に適用する可能性が開けるというものだ。

一般に、情動は基本的なものと高次のものに分けられる（Prinz 2004: chap. 4）。前者は、怒り・悲しみ・恐怖・喜びといったもので、これらは生物学的・心理学的に基本的な情動であり、典型的な表出があると言われる。表情や声の調子といった外観から、他人が喜んでいるか悲しんでいるかは容易に判定できるだろう。文化や地域が異なっても、基本情動には対応する一定の表出行動があるのだ（Ekman 1992）。

これに対し、恥、嫉妬、誇り、希望といった高次情動は、洗練された思考や信念（さらには文化や慣習）に依存し、そして、典型的な表出がない。ある人がある時点で抱いた情動が、単なる喜びなのか誇りなのか希望なのかは、その人がそのとき作った笑顔だけでは判定できない。他人が抱いた高次情動を判定するためには、表出だけでなく、その人が置かれた状況や文脈を考慮する必要があるだろう。

類似説では、音楽に高次情動の用語が適用されることの説明が難しい。先ほど述べた通り、高次情動には明確な表出がないからだ。他方でペルソナ説は、それを説明する道筋が開ける。たとえば、ある曲が悲しいメロディで始まって次に喜ばしいメロディになった場合、それは、ペルソナが初めは悲しみを抱いてそれを表出していたが、その次に喜ばしさを抱いてそれを表出した、ということになる。そしてこの場合、後者の喜びは単なる喜びではなく、希望の表出とみなしうる。というのも、悲しみを抱かせた苦しい状況から解放されて将来に希望がもてた、といった意味合いを見出すことができるからである。このようにペルソナ説では、音楽を物語的な構造をもつものとして理解できる。つまり、一曲の展開をペルソナが抱いた情動の変遷として理解することができるのである。そしてその変遷は、高次情動を特定する文脈を与えると考えられるのだ（Cochrane 2010b; Karl and Robinson 1995; Levinson 2011: chap. 14; Robinson 2005: chap. 11）[4]。

2　二つは本当に対立しているのか

表面上の対立点

実のところ、音楽を物語とみなす考えの源流は音楽学や音楽批評にある。第8章で述べた通り、純粋器楽音楽は音楽以外のものを表現することを意図して作曲されたものではないが、それでも純粋器楽音楽を物語的なものとして解釈した方が、その曲をよりよく理解できたり、他の楽曲との比較が容易になったり、作曲者の芸術的な達成をうまく説明できたりすると言われるのである（Cone 1974; Maus 1988; Newcomb 1984）[5]。

音楽批評などでは、音楽を物語として解釈するという手法をとることが可能だし、そう解釈することで初めて発見される価値もあるだろう。だが、表出的性質に関する議論で問題になっているのは、表出的性質を聴き取るための必要条件である。類似説とペルソナ説は、表出的性質の知覚は類似性の知覚で十分なのか、それだけでなく想像も必要なのか、という点で争っているのである（Davies S. 2003: chap. 10）。

この点を踏まえると、ペルソナの想像は過度な要求ではないかという疑いが生じる（Davies S. 2011: chap. 1; Kivy 2006）。高次情動の表出的性質を音楽に帰属させるための物語的解釈は素人にはできないし、基本情動についても、ペルソナの想像は簡単には認められない。自分の音楽聴取経験を振り返ってもらいたいが、「悲しい」と容易に判定できるメロディを聴いているときに、悲しみを抱いた人が必ず想像されていただろうか。「必ずされていた」と明確に答える人がいるとは思えない。むしろ、「想像しながら音楽を聴く」というペルソナ説に沿った鑑賞法をまったく知らない人でも、ある曲がどの表出的性質をもっているかを判定できるはずである。

これに対するペルソナ説の応答は、想像は必ずしも目立ったかたちで経験されるとは限らない、というものである（Levinson 1996: 118）。先ほど述べた通り、ペルソナは、表出的性質に対応する情動の担い手としてのみ要請される、不確定でミニマルな主体である。そのためペルソナの想像もかなり不確定であり、明確に経験されていないというのである。

他方で、類似説にも疑念がないわけではない。類似説は、類似性では情動用語の適用を説明できないという問題に対処するため、擬人化傾向を引き合いに出していた。だが結局のところ、そこで言われる擬人化はペルソナの想像ではないかとも考えられる。心をもたない音楽を、心をもつ主体の表出のように経験することを、「想像」と呼ぶのはさほどおかしくない。また、「表出らしきもの」という概念は本物の表出と独立に理解できるものではないので、実のところ類似説も本物の表出に訴えた説明になっているのではないか、という疑いもある（Levinson 1996: 104–106; Cochrane 2010b）[6]。

類似説とペルソナ説の対立に関する概説は以上である。ここから先は、心の哲学に比重を置き、類似説とペルソナ説が本当に対立しているのかどうかを考えたい。

擬人化と想像の違い

まず、「擬人化」も「想像」ではないかという論点から検討しよう。さらに、高次情動は後回しにして、ここでは基本情動の表出的性質だけを問題にしたい。

本章の冒頭で述べた通り、そもそも「想像」は単一の心的状態・能力ではない（Stevenson 2003; Trivedi 2017: chap. 5; Walton 1990: chap. 1）。自分から能動的に抱く想像もあれば、対象に促される想像もある。能動的に抱く想像でも、簡単に抱けるものと、熟慮を必要とするものがある。また、イメージを形成する想像は知覚経験と同じように現象的性質（クオリア）をもつが、言語的な想像にはそれがない。[7] さらには、他人の心の状態を推測するための能力（心の理論や心的シミュレーション）も「想像」と呼ばれることがある（Gendler 2011）。[8]「想像」は、厳密には異なる多種多様な心的能力をひとまとめに指す多義的な用語なのだ。この点からすると、心をもたない音楽のうちに情動らしきものを聴き取る「擬人化」の働きを「想像」と呼んだとしても、それほど不自然には思われないだろう。

とはいえ、類似説の擬人化とペルソナ説の想像は、「どこを擬似的なものとみなすか」という点が異なっているとは言える。類似説によると、表出的性質は本物の表出ではなく、表出のように聴こえるものにすぎない。他方でペルソナ説によると、表出的性質は、現実に存在する本物の主体ではなく、想像された主体の表出である。つまり両者の違いは、表出的性質を、表出主体を必要としない〈擬似的な表出〉とみなすか、〈擬似的な主体〉が行なう本物の表出とみなすか、という点にあると言えるのだ。

では、擬似性の置き場が〈主体〉なのか〈表出〉なのかはどうやって判定すればいいのだろうか。ここで問題が生じる。それは、表出的性質の知覚を支える過程は、意識的なものではなさそうだということである。前述の通り、類似説は表出的性質の知覚を錯視と類比的に説明している。いくら「音楽は心をもたない」と信じていても、表出的性質の知覚は意識下の過程の結果として不可避に生じてしまうと考えられるのだ。他方でペルソナ説も、想像は目立ったかたちで経験されるとは限らないと認めており、その点で、表出的性質の判定は意識下の過程で決定されると主張する方向に傾いている。

そうすると、意識的でない過程で「擬似的」のかかる場所を判定しなければならない。非意識的な過程を区別する最も明確な方法は、入力と出力の組み合わせ、そして、神経システムの違いをみることだろう。たとえば、視覚にも聴覚にも意識下の過程があるが、前者の入力は光で出力は色経験であるのに対し、後者の入力は音波で出力は音経験である。また、視覚と聴覚は神経システムによっても区別できる。

だが、表出的性質の場合、入力が音楽の輪郭で出力が表出的性質の知覚である点は類似説もペルソナ説も変わらない。そうすると神経システムをみるしかないが、「擬似的」な点が〈表出〉にあるのか〈主体〉にあるのかという微妙な区別が、神経レベルで発見できるのだろうか。そもそも、そうした区別が神経レベルに存在するのかどうかも定かではない。

こうした状況を踏まえて、本章では次の可能性を指摘したい。それは、類似説の「擬人化」とペルソナ説の「想像」は、概念としては異なるものだが、両者が指している心的能力は同じである、というものだ。

「概念としては異なるが指しているものは同じである」という点を理解するためには、心の哲学の議論でよく出てくる話題をみるのがいいだろう。それは、「水」という日常的な概念と「H_2O」という科学的な概念の違いである。科学的な概念としての「H_2O」は、人類が分子に関して一定の発見をしたあとで作られ、また、現代人なら中学で化学を学ぶときに身につけるものである。他方で、日常的な概念である「水」は、〈透明な液体で、川や海を満たしていて、空から降ってくることもある〉といった内容のものであり、人類が分子を発見する前から、そして、化学を習う前の子どもでも知っているものである。このように、片方を知っているからといってもう片方を知ったことにはならないという意味で、「水」と「H_2O」は異なる概念である。だが、どちらの概念も指している物質は同じである。[9]

ここでは、類似説の「擬人化」とペルソナ説の「想像」が、これと同じような関係にあると主張したい。

類似説は、表出的性質の知覚を錯視と類比的に説明する点で、かなり知覚心理学的な方針をとっている。他方でペルソナ説は、物語的解釈を導入する音楽批評の影響を受けている。こうした着想元の違いは、説明概念の違いをもたらすだろう。先ほどみたように、類似説とペルソナ説は擬似性の置き場が異なっている。「擬似的な主体の本物の表出」と「主体がいらない擬似的な表出」は確かに異なる概念である。しかし、概念が違うからといって、両者が指している心的能力が違うとは言い切れない。むしろ、先ほどみた「水」と「H_2O」の例のように、異なる概念が同じものを指すこともある。そうすると、擬人化と想像は概念上区別できても、使われている心的能力は同じだと考える余地が出てくるだろう。[10]

以上の考えが正しければ、類似説とペルソナ説は心的過程に関する理論としては区別できないと考えることができる。両者は着想元が違うため異なる説明概念を用いており、それが表面上の対立を生み出している。だが、それぞれの概念が指している心的状態は同じものだと考えられるのだ。[11]

高次情動の表出性

次に高次情動を検討しよう。すでに述べた通り、高次情動の表出的性質の知覚には、批評家のように、音楽を物語として解釈する態度や一定の音楽知識が必要になる。

こうした知覚は、類似説で導入された擬人化知覚では説明できないと思われるかもしれない。基本情動の表出的性質の知覚は、ミュラー・リヤー錯視と類比的に説明されている通り、音楽から強制されるかたちで自動的に生じてしまうものである。しかし、音楽のうちに高次情動を知覚するためには、一定の態度をとったり知識を行使したりするという、意識的で能動的な解釈・熟慮が必要になると考えられるのではないだろうか。

だが、すべての場合がそうだとは限らない。つまり、音楽のうちに高次情動を知覚することも、基本情動の知覚と同じく、音楽から強制されて自動的に生じる可能性があるのだ。それを理解するうえで鍵となるのは、第5章で取り上げた認知的侵入可能性である。

認知的侵入可能性は、知覚以外の心的状態（信念・情動・欲求など）の影響により知覚が変化しうる、というものだった。たとえば、あの人が怒っているかもしれないという恐れは、能動的な解釈や熟慮を介さず、「やっぱり怒っている」と判断するための知覚的根拠（顔の見え方）を与えるだろう。

こうした過程は表出的性質の知覚にも関わっている可能性がある。つまり、鑑賞者がもつ知識や態度が、聴覚的知覚そのものか、あるいは、聴覚的知覚から判断に至る過程を変化させていると考えられるのである。たとえば、知識をもたない鑑賞者には単なる喜びにしか聴こえないメロディでも、適格な鑑賞者はそれを希望のメロディとして聴き取る（最終的に、希望のメロディと判断する）ということだ。後者の知覚は、音楽に関連する知識や態度を意識的に思い出し、そこから能動的に熟慮した結果として生じたものではない。むしろ鑑賞者自身の観点からすると、その知覚は、対象から強制されるかたちで自動的に生じたものに感じられるものだろう。知識がある鑑賞者にとって、その音楽は、希望を知覚せざるをえないものになっているのである。

この考えが正しければ、適格な鑑賞者は高次情動の表出的性質を、解釈によって自分が押し付けたものではなく、音楽のうちにあるものとして知覚する。類似説が扱っていた基本情動の知覚と同じく、鑑賞者は特定の輪郭に特定の高次情動を知覚せざるをえないのである。だが、その輪郭が高次情動の表出的性質として聴かれるためには、ペルソナ説が言うように、適切な態度や知識が必要になる。ただしその知識や態度は、意識的・能動的に利用されているわけではなく、背景的に、音楽のなかにどの情動が知覚されるかを決定しているのである。[12]

本章の考察をまとめよう。悲しい音楽の何が「悲しい」のか。まず言えるのは、その音楽は「悲しい」と呼ぶにふさわしい輪郭をもっている、ということである。だが、その輪郭がなぜ「悲しい」と呼ばれるのかについて、類似説とペルソナ説は異なる意見をもっている。類似説によると、その輪郭は〈擬似的な表出〉を聴き取るための擬人化を促すものだが、ペルソナ説によると、その輪郭は〈擬似的な主体〉の表出を聴き取るための想像を促すものである。

本章で主張したのは次の二点だ。第一に、こうした擬人化と想像は、概念的には区別できても、心的能力として区別できるかどうか定かではない。むしろ、異なる概念で同じ心的能力を指している可能性がある。第二に、音楽のうちに情動を知覚する能力は、認知的に侵入可能な状態であると考えられる。そのため、鑑賞者が適切な知識や態度をもっていれば、基本情動だけでなく高次情動も、意識的・能動的な解釈や熟慮なしに、音楽のうちに聴き取られると考えられる。

また、本章の議論からは次の方向性が導かれる。それは、表出的性質の知覚を理解するためには、概念だけでなく心的過程を考慮しなければならない、というものだ。かりに本章の主張に反対し、類似説とペルソナ説は実質的に対立していると主張しようと思ったら、擬人化とペルソナの想像が心的過程としてどう異なるかを示さなければならない。そしてそのためには、心理学や神経科学といった認知科学の知見を参照する必要が出てくるだろう。つまり、第1章で述べた哲学的自然主義の考察が必要になるのである。

注

1　さらにキヴィーやデイヴィスは、音楽のゆっくりとしたテンポが悲しみを抱く人のゆっくりとした動作に似ているとも述べている。この主張をきちんと行なうためには、音楽という聴覚的な情報と動作という視覚的な情報とのあいだに、感覚モダリティの違いをこえた類似性があることを示さなければならない。本章ではそこまで踏み込むことはできないが、それについてはCochrane（2010a）でいくらか考察されている。

2　類似説を示す例としては、顔文字よりもセントバーナードの顔がよく挙げられる。セントバーナードの顔は「悲しい」ように見えるが、その顔は悲しみを表出しているわけではない。セントバーナードは楽しいときも悲しいときもその顔をしているだろう。さらに言えば、そもそも犬は顔ではなく体の姿勢や尻尾の向きで情動を表出する。それでもセントバーナードの顔が悲しいと言われるのは、目の周りの毛の色が垂れ下がった人間の目のように見えるなど、人間が行なう悲しみの表出と類似しているからである。そこに擬人化傾向が働いてしまうのだ。

3　ただしキヴィーは、この種の進化的説明はあまりにも簡単に作れると認めている（Kivy 2002: 46–47）。ところで、擬人化傾向が進化的に獲得されたものなら、特定の音楽にどの情動用語を適用するかについて、文化の違いを超えた一致がみられると予測されるだろう。だが、現在の文化横断研究では、まだ明確な答えが出ていない。文化を超えた一致があるという報告もあれば、そうではないという報告もある。概説としてはDavies S.（2011: chap. 3）を参照。

4　注意すべきだが、本当に音楽に高次情動の用語が適用できるのかということ自体も論争を呼んでいる。音楽は高次情動に必要な信念や思考を表現することはできず、そのため高次情動の表出的性質は音楽に帰属させられないと言われる（Hanslick 1854, chap. 2; Putman 1987）。もちろん、ここで引用した論者たちはそれに反論を行なっている。

5　たとえば、『桃太郎』と『水戸黄門』は、描かれている登場人物や事件が異なるが、勧善懲悪という点は共通している。そのため、勧善懲悪を軸として、登場人物や事件の描写の違いを比較できるだろう。同様に、最初に悲しみの表出的性質が現れて次に喜びの表出的性質が現れるという展開は、複数の曲で共通している。その共通点を軸にして、それぞれの曲の違いを比較できるだろう。こうした共通する展開は「プロットの原型（plot archetype）」と呼ばれる（Newcomb 1984）。

6　類似説を擁護するスティーヴン・デイヴィスは、「擬人化」はペルソナの想像を含まないと述べている（Davies, S. 2003: 154）。しかし、擬人化と想像の違いを詳しく説明したうえでそう主張しているわけではない。むしろ、ペルソナ説は一曲のなかにいるペルソナの人数を確定できない（たとえば、同じ箇所で異なる楽器が異なるメロディを演奏する場合、楽器ごとに異なるペルソナがいることにならないのか）という批判からペルソナの導入に反対し、そこから間接的に、擬人化からペルソナを差し引こうとしている。

7　認知の現象学（cognitive phenomenology）に関する議論では、言語的な思考や想像にも現象的性質が伴うのではないかと言われる（Bayne and Montague 2011）。とはいえ、思考や想像はすべて現象的性質をもつという急進的な主張はみたことがない。現象的性質をもたない思考や想像があること自体は否定しがたいように思われる。

8　たとえばCochrane（2010a）は、心の理論や心的シミュレーションといった素朴心理学の能力で表出的性質の認知を説明しようとしている。他人が抱いた情動を理解するための能力が、音楽のうちにある情動を認知するためにも使われているかもしれないというのだ。ただし、本人も認めているが、経験的な証拠と整合的かどうかについて疑いの余地がある。

9　この区別は心脳同一説に関する議論でよく出てくる。「水」と「H_2O」と同じように、日常的概念の「心」と科学概念の「脳」は異なる概念だが、どちらも物質としての脳を指していると言われるのだ。もちろん現在の常識からすれば、「脳」と「心」は違うものを指している。だが、科学が発展して「水」と「H_2O」が同じものを指していると判明したように、脳神経科学が発展すれば、いずれ「脳」と「心」が同じものを指していると判明するだろうと主張されるのである（詳しくは、片岡 2017bを参照）。

10　重要なのは、表出的性質に使われているのが擬人化なのか想像なのかということよりも、注8で言及したCochrane（2010a）のように、表出的性質を認知するための能力を、認知科学で扱われている心的能力に還元した説明を作ることだろう。その能力が特定できれば、それが擬人化なのか想像なのか、類似説に有利になるのかペルソナ説に有利になるのかは、とくに重要な問題ではなくなるかもしれない。

11　Trivedi（2017: chap. 6）では、類似＋想像説という、類似説とペルソナ説のあいだをとった考えが展開されている。それによると、音楽の輪郭によって音楽そのものが情動主体として擬人化され、その表出的性質は擬人化された音楽が抱く情動の表出として聴かれているという。ペルソナ説が言うペルソナは音楽から想像されるものであり、その点で音楽そのものとは異なる存在だとされるが、類似＋想像説は音楽そのものが情動主体として擬人化されると主張している。また、類似説が言う擬人化はあくまでも表出らしきものを音楽に認知するための過程だが、類似＋想像説によると、表出的性質は表出らしきものではなく、擬人化された音楽が抱く情動の表出として知覚されているものである。とはいえこの見解にも、ここでの議論が当てはまるだろう。擬人化ではあるがペルソナは導入せず、表出らしきものではなく表出として表出的性質を認知する能力が心的過程として存在しているかどうかは、認知科学的な証拠を検討しなければ判定できないだろう。

12　ここで少し前章の問題に立ち戻ってみたい。類似説を擁護するデイヴィスもペルソナ説を擁護するレヴィンソンも、音楽のうちに悲しみを知覚した結果として、鑑賞者に情動が生じることがあると主張している（Davies S. 2011: chap. 4; Levinson 1996: chap. 6）。この主張は喚起説とは異なる。喚起説は、悲しみの表出的性質は聴き手に悲しみを生じさせるものだと主張しているが、デイヴィスやレヴィンソンは、まず曲の側に悲しみが知覚され、聴き手がそれに同調した場合には悲しみが生じると主張しているのだ（同調しなくても表出的性質の悲しみは知覚できる）。

こうした「同調」は、情動伝染（emotional contagion）という現象を使って説明される（Davies S. 2011: chap. 4; Robinson 2005: chap. 13）。情動伝染とは、たとえば、悲しんでいる人々に囲まれた場合に、自分に何も悲しいことが起きていなくとも陰鬱な気分になるように、自分を取り囲む人と似たような情動状態になるという現象である。これと同じく、音楽がもつ表出的性質としての悲しさが伝染して聴き手に悲しい気分が生じるというのである。

これに対し、デイヴィスと同じく類似説を支持しているキヴィーは、前章でみた通り、悲しい曲は悲しみをもたらさないと主張している（Kivy 1999）。その理由は（これも前章でみた通り）もし悲しい曲を聴いて悲しみが生じるなら、聴き手はそれを聴くのをやめるはずだ（しかし、実際にはそうではない）からだ。

結論　美学の自然化

第1章から何度も述べてきた通り、本書の特色は、心の哲学を使って音楽美学の問題に取り組むという方針にある。ここで、本書で取り上げた音楽美学の問題がどういうものであったか、そして、それを考察するうえで心の哲学の議論がどのように使われたかを確認しておこう。

最初に取り上げたのは美的判断の客観性である。ある曲がパワフルでカッコいいのか、それともクドくてダサいのかについて、他人と意見が食い違うことがある。さらに、自分と意見が合わない人にいくらその曲の良さを説明しても、納得してもらえないこともあるだろう。そうすると、ある曲がパワフルなのかクドいのかは、個人の趣味の問題だと思えてくるかもしれない。他方で、雑誌やネットの音楽レビューで書かれたことを信じてアルバムを買うという行動は、そのレビューに書かれた曲に関する美的判断が正しいことを前提としている。では、美的判断には客観的な正誤の基準があるのだろうか。それとも、主観的な感想の表明にすぎないのだろうか。

こうした対立のなか、本書は、美的判断には客観性があると主張する客観主義を擁護した。まず第

2章と第3章では、美学における議論を概説し、客観主義を擁護するために必要な方針を特定した。それは、美的経験の知覚的側面と評価的側面を緊密に結びつける理論が必要だというものである。第4章では、美的経験の評価的側面として情動を挙げた。情動は主体が置かれた状況を評価する心的状態である。さらに、特定の対象に特定の情動反応を抱くための学習は、美的経験／判断のための感受性の学習と合致している点があるとも述べていた。そして第5章では、心の哲学や認知科学で注目されている「認知的侵入可能性」と呼ばれる現象を使い、情動と知覚を結びつけるモデルを提示した。認知的侵入可能性とは、情動をはじめとして、どういう認知状態を同時に抱くかに応じて知覚が変わってくるというものである。ここから本書は、評価的な情動の侵入によって可能になったゲシュタルト知覚が美的経験であり、それが美的判断の正誤の基準になると主張した。

このモデルには強調すべき点が二つある。一つめは、音楽聴取に限られないということだ。情動と知覚が結びついた美的経験が美的判断の基準になるということは、絵画でも彫刻でも、自然物でも、料理や香水の経験にも言えるだろう。

もう一つは、実のところ知覚と情動を強調する方針は目新しくないということである。本書の方針は、伝統的には美的経験の情動主義と呼ばれる立場に属している。だが本書は、近年の認知科学の成果を用いて、情動主義をアップデートさせるものとなっている。

次に本書は、そもそも音とは何であるかを考察した。第6章では、音は音波ではなく、音波を生み出した物体の振動と同一であるという立場を概説した。その際、マルチモーダル知覚に関する近年の哲学・認知科学の成果を提示していた。マルチモーダル知覚とは、五感が共同して対象を捉えるという働きである。そこから第7章では、音楽聴取にもマルチモーダル知覚が関与すると主張した。生演奏される音楽パフォーマンスの鑑賞には、聴覚だけでなく、視覚や触覚も重要になる。パフォーマンスがもつ美的性質の基盤には、聴覚的性質だけでなく、視覚的・触覚的性質も含まれているのである。

この議論も音楽に限られたものではない。五感が共同して対象を捉える鑑賞という点は、絵画や彫刻、料理や香水、自然物の鑑賞にもあてはまる。そのため、絵画鑑賞にも聴覚や触覚が重要になってくる場面があるかもしれない。料理に関してはとくにそうで、見栄えや食感が重要になることは、普段の経験からも明らかである。そのため本書の議論は、他の形式の芸術や自然物の美的経験を考察するうえでも利用できるものだろう。そこでも、マルチモーダル知覚に関する心の哲学や認知科学の議論が重要になってくるはずだ。

最後に扱ったのは、音楽と情動の関係である。主題となったのは、本書のタイトルにある通り、「悲しい曲」の「悲しさ」とは何かというものだ。一般的には、「悲しい曲」は「聴いた人が悲しくなる曲」だと考えられることが多いだろう（喚起説）。あるいは、作曲者が悲しみを表現した曲と考えられているかもしれない（表出説）。しかし、第8章で音楽美学の議論を概説しつつ述べた通り、「悲しい曲」は鑑賞者や作曲者の情動とは独立だと考えられている。その点を補強するために、第9章では、ピーター・キヴィーの見解を説明しつつ、それを情動の哲学の観点から擁護し、悲しい曲は聴き手に悲しみを生み出すものではないと主張した。むしろ音楽美学では、「悲しい曲」は、悲しみを表現する振る舞いと似たものにすぎない曲という立場（類似説）、あるいは、悲しみを抱く架空の人物を想像させる曲だという考え（ペルソナ説）が支持されている。そして第10章では、これら二つの考えは実のところ両立可能であると主張した。音楽美学では二つは対立していると考えられているが、それは概念上の対立にすぎず、心的過程を問題にする心の哲学の観点からすると、実質的な対立はないと言えるのだ。

この議論も、他の美的経験に応用できる可能性をもっている。音楽だけでなく、絵画やダンス、風景、料理も、その特徴を記述するために、「悲しい」「楽しい」といった情動用語が使われる。そうした対象がもつ特徴の記述になぜ情動用語が用いられているのかを考察するうえでも、音楽を例とした本書の考察が利用できるだろう。

以上のように、本書は音楽聴取に焦点を合わせていたが、本書が扱った問題は、他の芸術でも自然物に関しても生じうる。そのため、本書が行なった美学の議論の概説は、他の芸術や自然物の美的経験を考察するときにも利用できるだろうし、そこでの問題を解決しようとするときにも、心の哲学を使った本書の方針が役に立つだろう。その点で本書は、音楽美学に限らず美学一般について、心の哲学を用いた考察の方法の一例となるものである。

現在の心の哲学は、心理学や脳神経科学などの認知科学の発展を踏まえた哲学的自然主義が考察の基本となっている。これは、すべての人が自然主義を支持しているということを意味してはいない。むしろ、自然主義を支持するにせよ反対するにせよ、認知科学を知らなければ実質的な議論ができない局面に来ているということだ。

序論で述べた通り、哲学はもともと「知識の探求」であった。現在では、探求方法が複雑になったために、さまざまな学問が分かれているが、知識の探求を目指すなら、あらゆる学問の成果を踏まえた包括的な考察を行なわなければならない。科学と哲学の連続性を重視する自然主義の流れは、すでに道徳や倫理に関する研究にも現れている。国内の美学研究ではまだそれほど自然主義が浸透していないが、近いうちに、美学研究でも科学の成果を無視することはできなくなるだろう。

本書では、音楽美学や美学一般で議論されている問題のうちのいくつかしか取り上げられなかった。また、それらの問題を哲学的自然主義で十分に扱うためには、さらに多くの認知科学の成果を参照する必要がある。その点で本書の考察は美学の自然化のための第一歩にすぎない。とはいえ、ある程度の方向性は提示できたのではないだろうか。

あとがき

前著『知覚と判断の境界線』（源河 2017a）の最後には次のように書いていた。

本書で何度も述べた通り、知覚の哲学はさまざまな領域に応用できる実り豊かな分野である。これはもう本当に何度も強調したい。私も現在は知覚の哲学を応用した美的経験の研究を行っている。哲学内部で培われた概念や道具立ては、どんどん外に発信していくべきだ。

本書もこの方針にしたがって書かれている。しかし本書では、知覚の哲学だけでなく情動の哲学も用いられている。そのわけは、実のところ前著に心残りがあったためである。前著では、美的経験の知覚的側面は十分に扱えたと思うが、評価的側面が十分に扱えていなかった。それを扱うために、本書では、情動による評価を重視した。そのおかげで、「音楽と情動」という、古から多くの人々が興味をもっているテーマに取り組むこともできた。

本書のいくつかの章は、すでに各所で発表した論文に基づいている（源河 2015a, 2015b, 2016a, 2016b, 2017b, 2018)。これらの論文および本書の多くは、二〇一六年から三年間、日本学術振興会の特別研究員として、東京大学の信原幸弘教授の研究室に在籍していた時期に書かれた。そのときの研究は「美的経験の特徴づけと自然化のための哲学的基礎研究」（16J00533）であり、まさに本書のテーマそのものである。
また、本書の草稿に対して、太田陽、小草泰、小川祐輔、高田敦史、田邉健太郎、森功次、渡辺一暁の各氏から非常に有益なコメントをいただいた。それらのコメントをすべて十分に反映することはできなかったかもしれないが、ここで感謝を述べたい。最後に、前著に続き本書の企画・編集を担当していただいた慶應義塾大学出版会の村上文さんと、校正を担当していただいた尾澤孝さんに感謝します。

二〇一九年九月

源河　亨

源河 亨（げんか とおる）
2016年、慶應義塾大学大学院にて博士（哲学）を取得。現在は、慶應義塾大学文学部・日本大学芸術学部・立正大学文学部にて非常勤講師。専門は、心の哲学、美学。
著作に、『知覚と判断の境界線――「知覚の哲学」基本と応用』（慶應義塾大学出版会、2017年）。訳書に、セオドア・グレイシック『音楽の哲学入門』（慶應義塾大学出版会、2019年、共訳：木下頌子）、ジェシー・プリンツ『はらわたが煮えくりかえる――情動の身体知覚説』（勁草書房、2016年、単訳）、ウィリアム・フィッシュ『知覚の哲学入門』（勁草書房、2014年、監訳：山田圭一、共訳：國領佳樹・新川拓哉）、など。

悲しい曲の何が悲しいのか
――音楽美学と心の哲学

2019年10月22日　初版第1刷発行

著　者――――源河 亨
発行者――――依田俊之
発行所――――慶應義塾大学出版会株式会社
〒108-8346　東京都港区三田2-19-30
TEL〔編集部〕03-3451-0931
〔営業部〕03-3451-3584〈ご注文〉
〔　〃　〕03-3451-6926
FAX〔営業部〕03-3451-3122
振替　00190-8-155497
http://www.keio-up.co.jp/
装　丁――――服部一成
印刷・製本――中央精版印刷株式会社
カバー印刷――株式会社太平印刷社

Printed in Japan ISBN978-4-7664-2634-2

人名索引

ア行

アーノンクール，ニコラウス Harnoncourt, Nikolaus 132
アリストテレス Aristotle 12, 155
RCサクセション 2
アルパーソン，フィリップ Alperson, Philip 129
ヴァン・ヘイレン Van Halen 45
石津智大 19n3
植原 亮 17, 19, 100
ウォルトン，ケンダル Walton, Kendall 47–48, 50–53, 59, 63–64, 93, 151, 156, 165, 181
オアシス Oasis 134
大森荘蔵 109
岡田暁生 54
オキャラガン，ケイシー O'Callaghan, Cassy 108, 119n4, n5
小草 泰 120
オノ・ヨーコ 124

カ行

カザーティ，ロベルト Casati, Roberto 108, 119n4, n5
片岡雅知 19, 89n9
川畑秀明 19n3, 82n8
カールソン，アレン Carlson, Allen 63n1
カント，イマヌエル Kant, Immanuel 12, 93, 118n4, 126
キヴィー，ピーター Kivy, Peter vi, 17, 154, 157, 159–161, 167, 169, 171n8, 187n1, n3, 190n12, 193
ギターウルフ 79
ギブソン，ジェームズ Gibson, James 64
ギャラガー，ノエル Gallagher, Noel 134
ギャラガー，リアム Gallagher, Liam 134
キャロル，ノエル Carroll, Noël 42n6, 158
グッドマン，ネルソン Goodman, Nelson 151
クーラ・シェイカー Kula Shaker 21
クラムハンスル，キャロル Krumhansl, Carol 166–167
クリスタルキング 32
グレイシック，セオドア Gracyk, Theodore 126–127, 147
グレン・ミラー・オーケストラ Glenn Miller Orchestra 21
クロノス・クァルテット Kronos Quartet 80
ケージ，ジョン Cage, John 125
コクラン，トム Cochrane, Tom 179, 181, 187n1, 188n8, 189n10
コバーン，カート Cobain, Kurt 35
ゴールドマン，アラン Goldman, Alan 53–59, 64n5, 93
コルトレーン，ジョン Coltrane, John 21

サ行

ザイアンス，ロバート Zajonc , Robert 78–79
ザッパ，フランク Zappa, Frank 35
サール，ジョン Searle, John 152n7

ザングウィル，ニック　Zangwill, Nick
63n1, 146, 149, 151n3, 170n2
ジェームズ，ウィリアム　James, William
67
シェーンベルク　Schönberg, Arnold　76
シブリー，フランク　Sibley, Frank　30, 32, 39, 42n8, 42n11, 48, 96, 100n8
シャッグス，ザ　The Shaggs　35
シャンカル，ラヴィ　Shankar, Ravi　147
スクルートン，ロジャー　Scruton, Roger
32, 119n4
ステッカー，ロバート　Stecker, Robert
42
ストゥージズ，ザ　The Stooges　21
ストローソン，ピーター　Strawsonm, Peter　118n4
スペンス，チャールズ　Spence, Charles
120
ゼマッハ，エディ　Zemach, Eddy
45–47, 53, 55, 57, 59, 93

タ行

タウンゼント，ピート　Townshend, Pete
132
田邉健太郎　94, 119n4
谷口文和　131, 136n5
ダマシオ，アントニオ　Damasio, Antonio　68, 81n1
蝶名林亮　100
デイヴィス，スティーヴン　Davies, Stephen　17, 136n3, 158, 173, 174, 180, 187n1, n3, 188n6, 189n12
デイヴィス，デイヴィッド　Davies. David　129
デュシャン，マルセル　Duchamp, Marcel
124
ドキッチ，ジェローム　Dokic, Jérôme　108, 119n4, n5
戸田山和久　165
ドビュッシー，クロード　Debussy, Claude　21, 28, 174
トーマス，ルーファス　Thomas, Rufus
52
トリベディ，サーム　Trivedi, Saam　181, 189n11

ナ・ハ行

ナナイ，ベンス　Nanay, Bence　24, 132
西村清和　124, 136n1
西村正秀　90
人間椅子　21
バウズマ，O. K.　Bouwsma, Oets Kolk
139, 173
ハチスン，フランシス　Hutcheson, Francis　65
バックホーン，ザ　THE BACK HORN
32
バッハ　Bach, Johann Sebastian　57, 76
原田夏樹　90
ピカソ，パブロ　Picasso, Pablo　49, 51, 76
ビートルズ，ザ　The Beatles　21
ピンカー，スティーヴン　Pinker, Steven
19
フー，ザ　The Who　132
プリンツ，ジェシー　Prinz, Jesse　17, 66, 65, 68, 74, 82n3, n4, n7, 93, 157–158, 162–163, 170n3, 171n5, n6, 178
ベートーヴェン　Beethoven, Ludwig van
3, 48, 124, 142
ベル，クライヴ　Bell, Clive　93
ベンダー，ジョン　Bender, John　59–62, 64n5, 93
ヘンドリックス，ジミ　Hendrix, Jimi

130

マ行
マクレガー，ジョアンナ　Macgregor, Joanna　54
マレ，マラン　Marais, Marin　142
ミュンスターバーグ，ヒューゴー　Münsterberg, Hugo　136n4
村田純一　119n4, 120
モンク，セロニアス　Monk, Thelonious　54

ヤ・ラ・ワ行
山田陽一　11
ライヒ，スティーヴ　Reich, Steve　79
ランゲ，カール　Lange, Carl　67
レヴィンソン，ジェロルド　Levinson, Jerrold　17, 31, 57–62, 64n6, 93, 136n3, 140, 155–156, 174, 177–181, 189n12
ロビンソン，ジェネファー　Robinson, Jenefer　17, 158, 166, 169, 171n8, 179–181, 189n12
ローリング・ストーンズ，ザ　The Rolling Stones　52, 124–125
ワーグナー　Wagner , Wilhelm Richard　127
ワーズワース，ウィリアム　Wordsworth, William　151n5

事項索引

サ行

タ行

ヤ・ワ・ラ行

文献一覧

Alperson, P. (2008) "The Instrumentality of Music", *Journal of Aesthetics and Art Criticism* 66: 37–51.

Aristotle, *Poetics*.（アリストテレス『詩学』三浦洋訳，光文社古典新訳文庫，2019 年.）

Asutay, E. and Västfjäll, D. (2012) "Perception of Loudness Is Influenced by Emotion", *PLoS One* 7(6): e38660.

Baker, T. (2016) "Transparency, Olfaction and Aesthetics", *Analysis* 76(2): 121–130.

Bayne, T. and Montague, M. (eds.) (2011) *Cognitive Phenomenology*, Oxford University Press.

Bell, C. (1914) *Art*, Chatto & Windus.

Bender, J. (1996) "Realism, Supervenience, and Irresolvable Aesthetic Disputes", *Journal of Aesthetics and Art Criticism* 54(4): 371–381.

—— (2001) "Sensitivity, Sensibility, and Aesthetic Realism", *Journal of Aesthetics and Art Criticism* 59(1): 73–83.

Bertelson, P. (1999) "Ventriloquism: A Case of Cross-modal Perceptual Grouping", in G. Aschersleben, T. Bachmann, and J. Müsseler (eds), *Cognitive Contributions to the Perception of Spatial and Temporal Events*, Amsterdam: Elsevier, 347–362.

Botvinick, M. and Cohen, J. (1998) "Rubber hands 'feel' touch that eyes see", *Nature* 391: 756.

Bouwsma, O. K. (1950) "The Expression Theory of Art", in M. Black (ed.) *Philosophical Analysis: A Collection of Essays*, Cornell University Press, 75–101.

Cage, J. (1961) *Silence: Lectures and Writings*, Wesleyan University Press.（ジョン・ケージ『サイレンス』柿沼敏江訳，水声社，1996 年.）

Carlson, A. (1981) "Nature, Aesthetic Judgment, and Objectivity", *Journal of Aesthetics and Art Criticism* 40(1): 15–27.

Carroll, N. (2003) "Art and Mood", *The Monist* 86(4): 521–555.

Casati, R. and Dokic, J. (2010) "Sounds", *The Stanford Encyclopedia of Philosophy* (Fall 2014 Edition), Edward N. Zalta (ed.), URL = <http://plato.stanford.edu/archives/fall2014/entries/sounds/>.

Chen, Y. and Scholl, B. (2014) "Seeing and Liking: Biased Perception of Ambiguous Figures Consistent with the 'Inward Bias' in Aesthetic Preferences", *Psychonomic Bulletin & Review* 21(6): 1444–1451.

Cochrane, T. (2010a) "A Simulation Theory of Musical Expressivity", *Australasian Journal of Philosophy* 88(2): 191–207.

—— (2010b) "Using the Persona to Express Complex Emotions in Music", *Music Analysis* 29(1–3): 264–275.

Cohen, J. (2010) "Sounds and Temporality", in Zimmerman D. (ed.) *Oxford Studies in*

Metaphysics volume 5, 303–320.

Cole, S., Balcetis, E. and Dunning, D. (2013) "Affective Signals of Threat Increase Perceived Proximity", *Psychological Science* 24(1): 34–40.

Collingwood, R. G. (1925) *The Principles of Art,* Oxford: Oxford University Press.（R・G・コリングウッド『芸術哲学概論［復刻版］』三浦修訳，紀伊國屋書店，2001 年.）

Cone, E. T. (1974) *The Composer's Voice*, University of California Press.

Damasio, A. R. (1994) *Descartes' Error: Emotion, Reason, and the Human Brain*, Pumam.（アントニオ・R・ダマシオ『デカルトの誤り――情動、理性、人間の脳』田中三彦訳，ちくま学芸文庫，2010 年.）

Davies, D. (2011) *Philosophy of the Performing Arts*, Wiley-Blackwell.

Davies, S. (1994) *Musical Meaning and Expression*, Cornell University Press.

—— (2003) *Themes in the Philosophy of Music*, Oxford University Press.

—— (2011) *Musical Understandings: and Other Essays on the Philosophy of Music*, Oxford University Press.

De Clercq, R. (2008) "The Structure of Aesthetic Properties", *Philosophy Compass* 3(5): 894–909.

Dewey, J. (1934) *Art as Experience,* New York: Minton, Balch.（ジョン・デューイ『経験としての芸術』栗田修訳，晃洋書房，2010 年.）

Dodd, J. (2017) "What 4'33" Is", *Australasian Journal of Philosophy* 96(4): 629–641.

Dorsch, F. (2013) "Non - Inferentialism about Justification - The Case of Aesthetic Judgements", *Philosophical Quarterly* 63(253): 660–682.

Durà-Vilà, V. (2016) "Attending to Works of Art for Their Own Sake in Art Evaluation and Analysis: Carroll and Stecker on Aesthetic Experience", *British Journal of Aesthetics* 56(1): 83–99.

Ekman, P. (1992) "An Argument for Basic Emotions", *Cognition and Emotion* 6: 169–200.

—— (2003) *Emotions Revealed: Understanding Faces and Feelings*, Weidenfeld & Nicolson.（ポール・エクマン『顔は口ほどに嘘をつく』菅靖彦訳，河出書房新社，2006 年.）

Evans, G. (1982) *The Varieties of Reference*, Oxford University Press.

Ferguson, K. (2008) *The Music of Pythagoras: How an Ancient Brotherhood Cracked the Code of the Universe and Lit the Path from Antiquity to Outer Space*, Walker & Co.（キティ・ファーガソン『ピュタゴラスの音楽』柴田裕之訳，白水社，2011 年.）

Feinstein, J., et al. (2011) "The Human Amygdala and the Induction and Experience of Fear", *Current Biology* 21(1): 34–38.

Fish, W. (2010) *Philosophy of Perception: A Contemporary Introduction*, Routledge.（ウィリアム・フィッシュ『知覚の哲学入門』山田圭一監訳，勁草書房，2014 年.）

Fodor, J. A. (1983) *The Modularity of Mind*， Cambridge, MA: MIT Press.（ジェリー・A・フォーダー『精神のモジュール形式――人工知能と心の哲学』伊藤笏康・信原幸弘

訳，産業図書，1985 年.）
Fredrickson, B. L. and Branigan C. (2005) “Positive Emotions Broaden the Scope of Attention and Thought-Action Repertoires”, *Cognition and Emotion* 19(3): 313–332.
Gagnon, K. T., Geuss, M. N., Stefanucci, J. K. (2013) “Fear Influences Perceived Reaching to Targets in Audition, but not Vision”, *Evolution and Human Behavior* 34(1): 49–54.
Gendler, T. (2011) “Imagination”, *The Stanford Encyclopedia of Philosophy* (Winter 2016 Edition).
Gibson, J. J. (1979) *The Ecological Approach to Visual Perception,* Houghton Mifflin.（J・J・ギブソン『生態学的視覚論』古崎敬ほか訳，サイエンス社，1986 年.）
Goldie, P. (2000) *The Emotions: A Philosophical Exploration*, Oxford University Press.
Goldman, A. (1993) “Realism about Aesthetic Properties”, *Journal of Aesthetics and Art Criticism* 51(1): 31–37.
Goodale, M. and Milner, D. (2004) *Sight Unseen: An Exploration of Conscious and Unconscious Vision*, Oxford University Press.（メルヴィン・グッデイル，デイヴィッド・ミルナー『もうひとつの視覚――〈見えない視覚〉はどのように発見されたか』鈴木光太郎・工藤信雄訳，新曜社，2008 年.）
Goodman, N. (1976) *Languages of Art*, Hackett Publishing Company.（ネルソン・グッドマン『芸術の言語』戸澤義夫・松永伸司訳，慶應義塾大学出版会，2017 年.）
Goolkasian, P. (1987) “Ambiguous Figures: Role of Context and Critical Features”, *Journal of General Psychology* 114(3): 217–228.
Gracyk, T. (2013) *On Music*, Routledge.（セオドア・グレイシック『音楽の哲学入門』源河亨・木下頌子訳，慶應義塾大学出版会，2019 年.）
Greene, J. (2014) *Moral Tribes: Emotion, Reason, and the Gap Between Us and Them*, Atlantic Books.（ジョシュア・グリーン『モラル・トライブズ――共存の道徳哲学へ〈上・下〉』竹田円訳，岩波書店，2015 年.）
Gregory, R. L. (1998) *Eye and Brain: The Psychology of Seeing*, Fifth Edition, Oxford University Press.（リチャード・L・グレゴリー『脳と視覚――グレゴリーの視覚心理学』近藤倫明ほか訳，ブレーン出版，2001 年.）
Hansen, T., Olkkonen, M., Walter, S., and Gegenfurtner K. R., (2006) “Memory Modulates Color Appearance” *Nature Neuroscience* 9(11): 1367–1368.
Hanslick, E. (1854) *Vom Musikalisch-Schönen*.（ハンスリック『音楽美論』渡辺護訳，岩波文庫，1960 年.）
Hilbert, D. (2005) “Color Constancy and the Complexity of Color,” *Philosophical Topics* 33(1): 141–158.
Hume, D. (1758) *Essays, Moral, Political, and Literary*.（デイヴィッド・ヒューム『ヒューム道徳・政治・文学論集』田中敏弘訳，名古屋大学出版会，2011 年.）
James, W. (1892) *Psychology: The Briefer Course*.（ジェームズ『心理学〈上・下〉』今田寛訳，

岩波文庫，1992–1993 年.）

Jousmäki, V. and Hari, R. (1998) “Parchment-skin Illusion: Sound-biased Touch”. *Current Biology* 8 (6): 190.

Kania, A. (2010) “Silent Music”, *The Journal of Aesthetics and Art Criticism* 68(4): 343–353.

—— (2017) “The Philosophy of Music”, *Stanford Encyclopedia of Philosophy*.

Kant, I. (1790) *Critique of Judgement*.（イマヌエル・カント『判断力批判』熊野純彦訳，作品社，2015 年.）

Karl, G. and Robinson, J. (1995) “Shostakovich’s Tenth Symphony and the Musical Expression of Cognitively Complex Emotions”, *Journal of Aesthetics and Art Criticism* 53(4): 401–415.

Kawakami, A. et. al. (2013) “Sad Music Induces Pleasant Emotion”, *Frontiers in Psychology* 4: 311, doi: 10.3389/fpsyg.2013.00311.

Kenny, A. (1963) *Action, Emotion and Will*, Routledge & Kegan Paul.

Kivy, P. (1968) “Aesthetic Aspects and Aesthetic Qualities”, *Journal of Philosophy* 65(4): 85–93.

—— (1980) *The Corded Shell: Reflections on Musical Expression*, Princeton University Press.

—— (1989) *Sound Sentiment: An Essay on the Musical Emotions, Including the Complete Text of the Corded Shell*, Temple University Press.

—— (1990) *Music Alone: Philosophical Reflections on the Purely Musical Experience*, Cornell University Press.

—— (1999) “Feeling the Musical Emotions”, *British Journal of Aesthetics* 39(1): 1–13.

—— (2002) *Introduction to a Philosophy of Music*, Clarendon Press.

—— (2006) “Critical Study: Deeper than Emotion”, *British Journal of Aesthetics* 46(3): 287–311.

Konečni, V. J. (2008) “Does Music Induce Emotion? A Theoretical and Methodological Analysis”, *Psychology of Aesthetics, Creativity, and the Arts* 2(2): 115–129.

Krumhansl, C. L. (1997) “An Exploratory Study of Musical Emotions and Psychophysiology”, *Canadian Journal of Experimental Psychology* 51(4): 336–352.

Laetz, B. (2010) “Kendall Walton’s ‘Categories of Art’: A Critical Commentary”, *British Journal of Aesthetics* 50(3): 287–306.

Lazarus, R. S. (1991) *Emotion and Adaptation*, Oxford University Press.

—— (1999) *Stress and Emotion: A New Synthesis*, Springer Pub Co.（リチャード・S・ラザルス『ストレスと情動の心理学――ナラティブ研究の視点から』本明寛監訳，小川浩ほか訳，実務教育出版，2004 年.）

LeDoux, J. (1996) *The Emotional Brain: The Mysterious Underpinnings of Emotional Life*, Simon and Schuster.（ジョセフ・ルドゥー『エモーショナル・ブレイン――情動の脳科学』松本元ほか訳，東京大学出版会，2003 年.）

Levinson, J. (1984) “Aesthetic Supervenience”, *Southern Journal of Philosophy* 22(S1): 93–110.

—— (1994) “Being Realistic about Aesthetic Properties”, *Journal of Aesthetics and Art Criticism*

52(3): 351–354.
—— (1996) *The Pleasure of Aesthetics: Philosophical Essays*, Cornell University Press.
—— (2001) "Aesthetic Properties, Evaluative Force, and Differences of Sensibility", in E. Brady and J. Levinson (eds.) *Aesthetic Concepts: Essays After Sibley*, Oxford: Clarendon Press, 61–80.
—— (2005) "What are Aesthetic Properties? II", *Aristotelian Society Supplementary Volume* 79: 221–227.
—— (2006) *Contemplating Art: Essays in Aesthetics*, Oxford University Press.
—— (2011) *Music, Art, and Metaphysics: Essays in Philosophical Aesthetics*, Oxford University Press.
Macpherson, F. (2017) "The Relationship between Cognitive penetration and Predictive Coding", *Consciousness and Cognition* 47: 6–16.
Matravers, D. (2011) "Arousal Theories", in Gracyk, T. and Kania, A. (eds.), *The Routledge Companion to Philosophy and Music*, Routledge, 212–22.
Maus, F. E. (1988) "Music as Drama", *Music Theory Spectrum* 10: 56–73.
McDowell, J. (1985) "Values and Secondary Qualities", in T. Honderich, (ed.), *Morality and Objectivity: A Tribute to J. L. Mackie*, Routledge / Kegan Paul, 110–129.（ジョン・マクダウェル「価値と第二性質」村井忠康訳，『徳と理性――マクダウェル倫理学論文集』大庭健編・監訳，勁草書房，2016年.）
McGurk, H. and MacDonald, J. W. (1976) "Hearing Lips and Seeing Voices", *Nature* 264 (5588): 746–748.
Meskin, A., Phelan, M., Moore, M. and Kieran, M. (2013) "Mere Exposure to Bad Art", *British Journal of Aesthetics* 53(2):139–164.
Münsterberg, H. (1916) *The Photoplay: A Psychological Study*, D. Appleton and Company.
Nanay, B. (2012) "The Multimodal Experience of Art", *British Journal of Aesthetics* 52(4): 353–363.
—— (2013) *Between Perception and Action*, Oxford University Press.
—— (2016) *Aesthetics as Philosophy of Perception*, Oxford University Press.
Newcomb, A. (1984) "Once More 'Between Absolute and Program Music': Schumann's Second Symphony", *Nineteenth-Century Music* 7(3): 233–250.
Noë, A. (2004) *Action in Perception*, Cambridge, MA: MIT Press.（アルヴァ・ノエ『知覚のなかの行為』門脇俊介・石原孝二監訳，春秋社，2010年.）
Nussbaum, C. O. (2007) *The Musical Representation: Meaning, Ontology, and Emotion*, The MIT Press.
O'Callaghan, C. (2007) *Sounds: A Philosophical Theory*, Oxford University Press.
—— (2008) "Seeing What You Hear: Cross-Modal Illusions and Perception", *Philosophical Issues* 18(1): 316–338.
—— (2012) "Perception and Multimodality", In E. Margolis, R. Samuels and S. Stich (eds.), *The*

Oxford Handbook of Philosophy of Cognitive Science, New York: Oxford University Press. 92–117.

—— (2014) "Auditory Perception", *Stanford Encyclopedia of Philosophy*.

Pasnau, R. (1999) "What is Sound?", *Philosophical Quarterly*, 49(196): 309–324.

—— (2009) "The Event of Color", *Philosophical Studies* 142(3): 353–369.

Pinker, S. (1997) *How the Mind Works*, W. W. Norton & Company.（スティーブン・ピンカー『心の仕組み〈下〉』山下篤子訳，ちくま学芸文庫，2013 年 .）

Powell, J. (2016) *Why You Love Music: From Mozart to Metallica: The Emotional Power of Beautiful Sounds*, Little, Brown and Company.（ジョン・パウエル『ドビュッシーはワインを美味にするか？——音楽の心理学』濱野大道訳，早川書房，2017 年 .）

Prinz, J. (2004) *Gut Reactions: A Perceptual Theory of Emotion*, Oxford University Press.（ジェシー・プリンツ『はらわたが煮えくりかえる——情動の身体知覚説』源河亨訳，勁草書房，2016 年.）

—— (2007) *The Emotional Construction of Morals*, Oxford University Press.

—— (2011) "Emotion and Aesthetic Value", in E. Schellekens, and P. Goldie (eds.), *The Aesthetic Mind: Philosophy and Psychology*, Oxford University Press, 71–88.

—— (2014) "Seeing with Feeling", in G. Currie, M. Kieran, A. Meskin, J. Robson (eds.), *Aesthetics and the Sciences of Mind*, Oxford University Press, 143–158.

Putman, D. A. (1987) "Why Instrumental Music Has No Shame", *British Journal of Aesthetics* 27(1): 55–61.

Pylyshyn, Z. (1999). "Is Vision Continuous with Cognition? The Case for Cognitive Impenetrability of Visual Perception", *Behavioral and Brain Sciences* 22(3): 341–423.

Raftopoulos, A. and Ziembekis, J. (eds.) (2015) *Cognitive Effects on Perception: New Philosophical Perspectives,* Oxford University Press.

Riener, C. R., Stefanucci, J. K., Proffitt, D. R., and Clore, G. (2011) "An Effect of Mood on Geographical Slant Perception", *Cognition and Emotion* 25(1): 174–182.

Robinson, J. (2005) *Deeper than Reason: Emotion and Its Role in Literature, Music, and Art*, Oxford University Press.

—— (2009) "Emotional Responses to Music: What Are They? How Do They Work? And Are They Relevant to Aesthetic Appreciation?", in P. Goldie (ed.) *The Oxford Handbook of Philosophy of Emotion,* Oxford University Press, 651–680.

Rosenblum, L. D. (2010) *See What I'm Saying: The Extraordinary Powers of Our Five Senses*, New York: W. W. Norton & Company.

Sacks, O. (1995) *An Anthropologist on Mars; Seven Paradoxical Tales*, Alfred A. Knopf.（オリヴァー・サックス『火星の人類学者——脳神経科医と 7 人の奇妙な患者』吉田利子訳，ハヤカワ文庫 NF，2001 年 .）

Scruton, R. (1974) *Art and Imagination: A Study in the Philosophy of Mind*, London: Methuen.
—— (1997) *The Aesthetics of Music*, Oxford University Press.
—— (2009) *Understanding Music: Philosophy and Interpretation*, Continuum.
Shams, L., Kamitani, Y. and Shimojo, S. (2000) "What You See Is What You Hear", *Nature* 408: 788.
Searle, J. R. (1983) *Intentionality: An Essays in the Philosophy of Mind*, Cambridge University Press.（ジョン・R・サール『志向性——心の哲学』坂本百大監訳，誠信書房，1997 年.）
Shankar, R. (1968) *My Music, My Life*, Simon & Schuster.（ラヴィ・シャンカル『ラヴィ・シャンカル　わが人生、わが音楽』小泉文夫訳，河出書房新社，2013 年.）
Shelly, J. (2013) "The Concept of the Aesthetic", *Stanford Encyclopedia of Philosophy*.
Sibley, F. (1959) "Aesthetic Concepts", *Philosophical Review* 68(4): 421–450.（フランク・シブリー「美的概念」吉成優訳，『分析美学基本論文集』西村清和編・監訳，勁草書房，2015 年.）
—— (1965) "Aesthetic and Nonaesthetic", *Philosophical Review* 74(2): 135–159.
—— (1968) "Objectivity and Aesthetics", *Proceedings of the Aristotelian Society, Supplementary Volumes* 42: 31–55.
—— (1974) "Particularity, Art and Evaluation", *Proceedings of the Aristotelian Society, Supplementary Volumes* 48: 1–21.
—— (1983) "General Criteria and Reasons in Aesthetics", in M. C. Beardsley and J. Fisher (eds.), *Essays on Aesthetics: Perspectives on the Work of Monroe C. Beardsley*, Temple University Press, 3–20.
—— (2001) *Approach to Aesthetics : Collected Papers on Philosophical Aesthetics*, Oxford University Press.
Siegel, S. (2006) "Which Properties are represented in Perception?" In T. S. Gendler and J. Hawthorne (eds.), *Perceptual Experience*, Oxford: Clarendon Press, 481–503.
—— (2017) *The Rationality of Perception*, Oxford University Press.
Siegel, E. and Stefanucci, J. (2011) "A Little Bit Louder Now: Negative Affect Increases Perceived Loudness", *Emotion* 11(4):1006–1011.
Small, C. (1998) *Musicking: The Meanings of Performing and Listening*, Wesleyan University Press.（クリストファー・スモール『ミュージッキング——音楽は〈行為〉である』野澤豊一・西島千尋訳，水声社，2011 年.）
Smuts, A. (2011) "Rubber Ring: Why Do We listen to Sad Songs?", in J. Gibson and N. Carroll (eds.), *Narrative, Emotion, and Insight*, Penn State University Press, 131–153.
Solomon, R. C. (2007) *True to Our Feelings: What Our Emotions Are Really Telling Us*, Oxford University Press.
Spence, C. (2016) *Gastrophysics: The New Science of Eating*, Viking.（チャールズ・スペンス

『「おいしさ」の錯覚――最新科学でわかった、美味の真実』長谷川圭訳，KADOKAWA，2018年.）

Stefanucci, J. K. and Storbeck J. (2009) "Don't Look Down: Emotional Arousal Elevates Height Perception", *Journal of Experimental Psychology: General* 138(1): 131–145.

Stevenson, L. (2003) "Twelve Conceptions of Imagination", *British Journal of Aesthetics* 43(3): 238–259.

Stokes, D. (2014) "Cognitive Penetration and the Perception of Art", *Dialectica* 68(1): 1–34.

Strawson, P. F. (1959) *Individuals: An Essay in Descriptive Metaphysics*, Methuen.（P・F・ストローソン『個体と主語』中村秀吉訳，みすず書房，1978年.）

Tolstoy, L. (1898 / 1995) *What is Art? (Chto takoe iskusstvo)*, Richard Pevear & Larissa Volokhonsky (trans.), London: Penguin.（トルストイ『芸術とはなにか』中村融訳，角川文庫，1952年.）

Trivedi, S. (2017) *Imagination, Music, and the Emotions*, State University of New York Press.

van Gerwen, R. (2012) "Hearing Musicians Making Music: A Critique of Roger Scruton on Acousmatic Experience", *Journal of Aesthetics and Art Criticism* 70(2): 223–230.

van Ulzen, N. R., Semin, G. R., Oudejans, R. R. D., Beek, P. J. (2008) "Affective Stimulus Properties Influence Size Perception and the Ebbinghaus Illusion", *Psychological Research* 72(3): 304–310.

Vogt, S. and Magnussen, S. (2007) "Expertise in Pictorial Perception: Eye-movement Patterns and Visual Memory in Artists and Laymen", *Perception* 36(1): 91–100.

Walton, K. (1970) "Categories of Art", *Philosophical Review* 79(3): 334–367.（ケンダル・ウォルトン「芸術のカテゴリー」森功次訳，電子出版物，2015年.）

―― (1978) "Fearing Fictions", *Journal of Philosophy* 75(1): 5–27.

―― (1988) "What is Abstract about the Art of Music?", *Journal of Aesthetics and Art Criticism* 46(3): 351–364.

―― (1990) *Mimesis as Make-Believe*, Harvard University Press.（ケンダル・ウォルトン『フィクションとは何か――ごっこ遊びと芸術』田村均訳，名古屋大学出版会，2016年.）

―― (1994) "Listening with Imagination: Is Music Representational?", *Journal of Aesthetics and Art Criticism* 52(1): 47–61.

Weitz, M. (1956) "The Role of Theory in Aesthetics", *Journal of Aesthetics and Art Criticism* 15(1): 27–35.（モリス・ワイツ「美学における理論の役割」松永伸司訳，電子出版物，2015年.）

Wordsworth, W. (2013) "Preface," *Lyrical Ballads: 1798 and 1802*, Fiona Stafford (ed.), Oxford University Press.

Young, N. (2017) "Hearing Spaces", *Australasian Journal of Philosophy* 95(2): 242–255.

Zadra, J. R. and Clore, G. L. (2011) "Emotion and Perception: The Role of Affective Information", *Wiley Interdisciplinary Reviews: Cognitive Science* 2(6): 676–685.

Zampini, M. and Spence, C. (2004) "The Role of Auditory Cues in Modulating the Perceived Crispness and Staleness of Potato Chips", *Journal of Sensory Studies* 19(5): 347–363.

Zangwill, N. (2000) "In Defence of Moderate Aesthetic Formalism", *Philosophical Quarterly* 50 (201): 476–493.

—— (2004) "Against Emotion: Hanslick Was Right About Music", *British Journal of Aesthetics* 44(1): 29–43.

Zemach, E. (1991) "Real Beauty", *Midwest Studies in Philosophy* 16(1): 249–265.

Zajonc, R. B. (1968) "Attitudinal Effects of Mere Exposure", *Journal of Personality and Social Psychology* 9(2, Pt. 2): 1–27.

安彦一恵（2007）「倫理的個別主義批判（一）——ロス、ダンシーの個別主義」，『DIALOGICA』10: 1–30.

安藤馨（2014）「道徳的特殊主義についての短い覚書」，『神戸法学雑誌』63(4): 85–115.

飯田隆（2011）「虹と空の存在論」，『精神科学』49: 1–14.

井頭昌彦（2010）『多元論的自然主義の可能性——哲学と科学の連続性をどうとらえるか』新曜社.

石津智大（2019）『神経美学——美と芸術の脳科学』共立出版.

植原亮（2017）『自然主義入門——知識・道徳・人間本性をめぐる現代哲学ツアー』勁草書房.

太田紘史（編著）（2016）『モラル・サイコロジー——心と行動から探る倫理学』春秋社.

大森荘蔵（1981）『流れとよどみ——哲学断章』産業図書.

岡田暁生（2009）『音楽の聴き方——聴く型と趣味を語る言葉』中公新書.

小草泰（2018）「色の傾向性理論を擁護する——色の現象学と存在論」，『科学基礎論研究』45: 1–21.

笠木雅史（2018）「ケンブリッジ分析学派の興亡——「言語論的転回」はいつ起こったのか？」，『科学哲学』51 (2): 3–27.

片岡雅知（2017a）「自然主義」，信原幸弘（編著）『ワードマップ　心の哲学——新時代の心の科学をめぐる哲学の問い』新曜社，20–23

——（2017b）「心脳同一説」，信原幸弘（編著）『ワードマップ　心の哲学——新時代の心の科学をめぐる哲学の問い』新曜社，30–35.

川畑秀明（2012）『脳は美をどう感じるか——アートの脳科学』ちくま新書.

北村美穂・北川智利（2008）「感情が彩る知覚世界」，『知能と情報　日本知能情報フ

ァジィ学会誌』20 (3): 303–313.
源河亨（2013）「色や音は世界のなかにあるのか」，西脇与作（編著）『入門　科学哲学――論文とディスカッション』慶應義塾大学出版会，38–66.
――（2015a）「音楽鑑賞と知覚のマルチモダリティ」，『哲学』134: 89–100.
――（2015b）「芸術鑑賞と知覚的カテゴライズ――ウォルトンの「芸術のカテゴリー」をめぐって」，小熊正久・清塚邦彦（編著）『画像と知覚の哲学――現象学と分析哲学からの接近』東信堂，190–204.
――（2016a）「価値知覚と知覚学習――情動の認知的侵入モデル」，『科学哲学』49(1): 37–48.
――（2016b）「美的判断の客観性と評価的知覚」，『美学』67(2): 13–24.
――（2017a）『知覚と判断の境界線――「知覚の哲学」基本と応用』慶應義塾大学出版会.
――（2017b）「音楽は悲しみをもたらすか？――キヴィーの音楽情動について」,『美学』68 (2): 91–108.
――（2018）「悲しい曲のどこが「悲しい」のか？――音楽のなかの情動認知」，『科学哲学』51(2): 65–82.
谷口文和（2010）「レコード音楽がもたらす空間――音のメディア表現論」，片山杜秀（編）『RATIO: special issue 思想としての音楽』講談社，240–265.
田邉健太郎 (2013)「美的実在論の現代的論点に関する一考察――ニック・ザングウィルの議論に焦点を当てて」，『コア・エシックス』9: 141–150.
――（2018）「ロジャー・スクルートンの音楽知覚――アクースマティック、美的理解、想像的知覚」，『音楽表現学』16: 21–30.
田村圭一 (2004)「倫理学における認知主義とその帰結――パティキュラリストの動機付けの理論」，『哲学』55: 206–217.
蝶名林亮 (2015)「道徳的個別主義を巡る論争――近年の動向」，*Contemporary and Applied Philosophy* 6: 1001–1026.
――（2016）『倫理学は科学になれるのか――自然主義的メタ倫理説の擁護』勁草書房.
戸田山和久（2016）『恐怖の哲学――ホラーで人間を読む』NHK 出版新書.
西村清和（1995）『現代アートの哲学』産業図書.
西村正秀（2017）「運動知覚の認知的侵入可能性」，『彦根論叢』412: 52–67.
信原幸弘（2017）『情動の哲学入門――価値・道徳・生きる意味』，勁草書房.
原田夏樹（2018）「認知的侵入可能性と認識的影響」，『新進研究者 Research Notes』，http://pssj.info/jsrnps/contents/contents_data/001_09.pdf
村田純一（2019）『味わいの現象学――知覚経験のマルチモダリティ』ぷねうま舎.
山田陽一（編著）（2008）『音楽する身体――〈わたし〉へと広がる響き』昭和堂.

――（2017）『響きあう身体――音楽・グルーヴ・憑依』春秋社.
渡辺茂（2016）『美の起源――アートの行動生物学』共立出版.